Amazon Books

Detti Celebri

commentati e illustrati

Vito Antonio Gastaldi

Edizioni © Amazon.com, Inc. o affiliate

Collana Amazon Books

Copyright © 2020 Vito Antonio Gastaldi

Tutti i diritti riservati

Ogni fonte o informazione riportata in questo libro è stata liberamente tratta dalla letteratura e dalla cronaca nazionale o dal world wide web. Per questi motivi l'Autore pone vincoli di esclusiva e di paternità artistica dei dati e delle notizie raccolte soltanto riguardo ai commenti riportati e alle novelle raccontate.

Nessuna parte di questo libro può essere riprodotta o archiviata in un sistema di recupero né trasmessa in qualsivoglia forma o mediante qualsiasi mezzo, elettronico, meccanico, tramite fotocopie o registrazioni o in altro modo, senza l'autorizzazione scritta esplicita delle Edizioni © Amazon.com, Inc. o affiliate.

ASIN 1673544916

ISBN 978-1673544916

Immagine della copertina KDP

*a Valentina,
attrice dal futuro ignoto*

Prefazione

L'ambizione era questa: raccontare e commentare alcune delle massime e dei detti celebri preferiti, selezionati seguendo invisibili tracce in ragione di motivi in apparenza impensabili. Originali chicche di cultura universale che nel trasmettere un precetto di saggezza sapessero, quasi per caso, far riscoprire con nostalgia o rimpianto il ricordo di una volta o suscitare le emozioni più vere perché inattese.

Al contrario, durante la ricerca e la stesura effettiva, queste locuzioni si sono intrecciate fra esse con un tipico doppio nodo bulino ripetitivo, quasi fossero imbrigliate da un forte canapo d'altri tempi, come ogni apoftegma pronunciato dai Sette Sapienti dell'antichità.

Apparentemente ogni aforisma è stato citato e commentato in mero ordine di scrittura nel corso delle pagine ma non è così. Infatti, questi motti hanno lottato di continuo gli uni contro gli altri per superare il posto già occupato nella mente di questo autore di campagna.

In alcuni casi sono germinati dei brevi componimenti miranti a fotografare e fermare uno dei tanti ricordi della mia vita, sebbene i lettori non potranno conoscere i motivi personali precisi. Peraltro, qualche persona potrebbe forse intuirli o immaginarli.

Questi epigrammi hanno così formato dei casuali ritratti, quadretti di un avvenimento confidenziale piuttosto che di un episodio vissuto negli anni passati. Talvolta le facezie hanno assunto il carattere pregno di arguzia ironica e mordace, talora caricaturale, in cui l'ispirazione morale, sociale o politica si è spesso trasposta o manifestata.

Per alcuni lettori le espressioni riportate in questo libro non saranno le più degne della letteratura mondiale ma a questo autore hanno insegnato tanto, più di quanto lui avrebbe voluto. Con questa umiltà da ignorante convertito in corso d'opera ho voluto quindi trasferire la conoscenza e le impressioni ammonticchiate in tanti anni di lettura e scrittura affinché potessero servire ad altri. Scavando in molte massime celeberrime ognuno potrà trovare chiavi di lettura impensabili e di sicuro profonde o, chissà, pure più piacevoli di quanto avrebbe potuto immaginare.

Taluni detti celebri potranno perfino essere confutati per via di una traduzione inesatta o incompleta ma a ogni modo valeva la pena riportarli, chiarirli e commentarli. Qualche aforisma non è stato illustrato e spiegato più di tanto o particolarmente approfondito perché non era il caso di dare sfoggio di inutile saccenteria o stupida vanagloria di fronte alla bellezza dell'espressione. Quando si scrive con il cuore e la passione non serve a niente.

Vito Antonio Gastaldi

Nemo propheta in patria

(latino = nessuno è profeta in patria)

Si tratta di un'espressione usata per simboleggiare la difficoltà delle persone quando provano a emergere nel proprio Paese dove, spesso, l'incomprensione e l'invidia dei conterranei ne ostacolano le ambizioni.

Va da sé che, senza esprimerlo, evidenzia quanto potrebbe essere forse meno arduo far valere le capacità e i propri meriti in luoghi sconosciuti e cercare il successo lontani dal tradizionale ambito quotidiano. Il detto è utilizzato anche per rammaricarsi del fatto che, talvolta, non si è apprezzati proprio da coloro che sono più vicini: dagli amici ai parenti, dai conoscenti ai colleghi di lavoro e quant'altri.

È un adattamento della frase *nemo propheta acceptus est in patria sua* «nessun profeta è gradito nella sua patria» riportata nei quattro Vangeli (*Luca* 4, 24; *Matteo* 13, 57; *Marco* 6, 4; *Giovanni* 4, 44). La trascrizione tramandata è un atto di fede. Infatti, le parole sarebbero state pronunciate proprio da Gesù di Nazareth, all'arrivo nella comunità natia, per dolersi della fredda accoglienza resagli dai concittadini.

Khalil Gibran

I tuoi figli non sono figli tuoi. Sono i figli e le figlie della forza stessa della vita. Tu li metti al mondo ma non li crei. Vivono con te ma non ti appartengono.

Puoi dar loro tutto il tuo amore ma non le tue idee perché loro hanno idee proprie. Puoi dare una casa al loro corpo ma non alla loro anima perché la loro anima abita la casa dell'avvenire dove a te non è dato di entrare, neppure nei tuoi sogni.

Puoi sforzarti di tenere il loro passo ma non pretendere di renderli simili a te perché la vita non torna indietro, né può fermarsi a ieri.

Tu sei l'arco dal quale i tuoi figli sono lanciati come frecce vive verso il domani. L'Arciere mira al bersaglio sul sentiero dell'infinito e ti tiene tesa con tutto il suo vigore affinché le sue frecce possano andare veloci e lontane.

Lasciati tendere con gioia dalle mani dell'Arciere poiché egli ama in egual misura sia le frecce che volano sia l'arco che rimane saldo nelle sue mani.

Questa è una delle diverse traduzioni di una lirica scritta da Jubrān Khalīl Jubrān (conosciuto come *Khalil Gibran*), poeta libanese, oltre che pittore e filosofo. Giunse negli U.S.A. ad appena dodici anni per sfuggire alle vessazioni delle autorità ottomane. Senza ripercorrere la sua breve vita di cristiano-maronita (morì a soli quarantotto anni), per una migliore comprensione dei versi si può ricordare che molti degli scritti di Jubrān Khalīl Jubrān hanno per argomento il *Cristianesimo* e il tema dell'amore spirituale.

Nell'adattamento della poesia pubblicata è forte il richiamo all'illegittimità della presunzione di tante madri o di tanti genitori che pretendono di condizionare la vita dei loro figli, non per una ma per mille ragioni. Per buona pace di quelle madri e di quei padri, beninteso secondo il pensiero di Jubrān Khalīl Jubrān e per tutti coloro che ritengono giuste le sue considerazioni religiose, purtroppo non è così.

Infatti, per il poeta, i figli e le figlie di qualunque famiglia non dovrebbero essere mai influenzati o plagiati nelle scelte e nelle idee. Se i genitori credono che il volere dell'*Arciere* sia esatto, saranno felici di non limitare i sogni o le aspirazioni dei loro eredi. Quei figli, edotti del pensiero di *Khalil Gibran*, saranno pertanto guidati, inconsciamente o no, dalle opere e dalle meditazioni del poeta libanese che potranno osservare e praticare quasi fossero dei breviari mistici.

Carneade? Chi era costui?

Le due domande sono state messe in bocca dallo scrittore italiano Alessandro Manzoni a un pensoso Don Abbondio in passo gustoso e memorabile de *I Promessi Sposi* (VIII).

L'autore milanese con *I Promessi Sposi* compose quello che è considerato a tutti gli effetti un *modello* del romanzo italiano scritto in lingua nazionale.

Con l'allusione a *Carneade* si menziona, con succosa ironia, una persona del tutto sconosciuta, qualcuno che è un emerito ignoto ai più.

Bis dat, qui cito dat

(latino = dà due volte chi dà presto)

Questo è un proverbio molto antico, variante della *sentenza* 225 di *Publilio Siro*, il più noto mimografo della Letteratura Latina del I sec. a.C.

Ferma la corretta trascrizione letterale, ammonisce che soccorrere e aiutare con sollecitudine raddoppia l'aiuto.

In un mondo dove tutto è apparente e pressoché connesso in via continuativa per far sapere agli altri qualunque momento della propria vita, punge vaghezza d'un piccolo desiderio.

Sarebbe bello che, non dovendo rispondere a dei precisi doveri istituzionali e, quindi, spoglio da obblighi civici assegnati, chi ha la possibilità di «*dare*» e voglia farlo, lo faccia lontano da qualsiasi riflettore e senza strombettii.

Desinit in piscem

(latino = finisce in coda di pesce)

Un tempo si usava questa espressione riguardo alle cose la cui fine non corrisponde al principio.

Nel caso, nei giorni nostri, capita sovente per i programmi proposti con magniloquenza dai partiti politici e poi dimenticati nei soliti cassetti degli uffici parlamentari.

Troppo spesso, infatti, i buoni propositi dichiarati, o perlomeno iniziati con cura e attenzione, sono abbandonati in corso d'opera.

La frase è di Orazio (tratta da *Arte Poetica*, 4), il quale paragona l'opera d'arte priva di armonia ad una sirena.

Oggigiorno sarebbe forse più appropriato equiparare tutto ciò a un brutto pesce incompiuto.

William Shakespeare

Shakespeare non è mai esistito. Tutte le sue opere sono state scritte da uno sconosciuto che aveva il suo stesso nome.

Non occorre essere pervasi da gnosticismo per affermare che la vera storia delle opere di *William Shakespeare* si ripete pure nelle succitate parole di *Alphonse Allais (Les Pensées, 1987, Le Cherche Midi Éditeur, Parigi).*

Tuttavia che il «Cigno dell'Avon» fosse certamente Giovanni Florio, meglio noto come *John Florio,* figlio di un ebreo italiano esule alla Corte d'Inghilterra, lessicografo, autore di straordinarie traduzioni in inglese e creatore del prestigioso dizionario *A World of Words,* che ha arricchito oltremodo la lingua anglosassone, non ha qui importanza.

Come non ha importanza che a celare l'identità di *William Shakespeare* potesse essere invece *Edward de Vere,* XVII conte di Oxford, che fu uno dei protettori di *John Florio* nonché il prediletto fra i presunti amanti della regina Elisabetta I Tudor (la supposta *Regina Vergine).*

Tutto ciò poiché la metafora di *William Shakespeare* potrebbe essere un altro esempio concreto delle tante contraddizioni offerte dalla vita.

Infatti, quando il re Enrico VIII, padre di Elisabetta, si sostituì al Papa e «*creò*» *d'emblée* la religione anglicana, soppiantando, di fatto, la chiesa cattolica di Roma, già esistente in Gran Bretagna, potrebbe essere stata compiuta un'effettiva manovra mistificatoria, purtroppo ancora oggi non dimostrabile con prove certe.

A maggiore conferma del *golpe* ecclesiastico di Enrico VIII, il figlio Edoardo VI, successogli al trono nel 1547, ratificò la decisione paterna promulgando il primo *Book of Common Prayer*, rimasto, nonostante molti emendamenti, la scrittura miliare per le tre correnti della comunione anglicana.

In quel tempo la creazione del "caso *William Shakespeare*" disorientò l'opinione pubblica dell'epoca che finì per ignorare piuttosto che disinteressarsi dell'usurpazione di paternità ecclesiale attuata da Enrico VIII prima e da Edoardo VI poi.

In buona sostanza, l'operazione attuata da quei due reali inglesi ha tutta l'aria di essere stata una efficace tattica politica diversiva del XVI secolo.

A ogni modo, nonostante il successivo quanto spietato tentativo di restaurare il cattolicesimo attuato da Maria I Tudor (la *Bloody Mary*), nulla mutò.

Tant'è vero che negli anni seguenti la Chiesa Anglicana si consolidò definitivamente, al pari della mancata attribuzione delle opere di *William Shakespeare* al suo autore effettivo perché quel percorso culturale storico non si compì mai.

Dopo, come avviene di continuo anche ai giorni nostri per ben altri misteri, fu costruita ad arte la storia del «Bardo dell'Avon» per i più.

Marcel Proust

Le véritable voyage de découverte ne consiste pas à chercher de nouveaux paysages mais à avoir de nouveaux yeux.

(francese = il vero viaggio di scoperta non consiste nel cercare nuove terre ma nell'avere occhi nuovi)

Questo è uno dei più conosciuti adattamenti di una delle frasi celebri di Valentin Louis Georges Eugène Marcel Proust che con *À la recherche du temps perdu* entrò con pieno merito nel *Gotha* della letteratura di ogni tempo.

Proust scrisse il suo unico, straordinario e sofferto romanzo, intrecciato da un lungo *fil rouge* autobiografico, in tredici anni. Avvenne pressoché a cavallo della Grande Guerra.

Infatti, si sa che i sette volumi che compongono la *Recherche* furono vergati dal 1909 al 1922 quando Marcel Proust passò a miglior vita. Gli ultimi tre testi della maestosa opera furono addirittura pubblicati durante i cinque anni successivi alla sua scomparsa.

Proust nacque a Parigi da una famiglia ricchissima. Ciò non gli bastò perché fu cagionevole di salute fin da bambino: soffrì d'asma per tutta la vita. Per quanto è noto ai posteri, Marcel Proust visse quasi stabilmente nella capitale francese; il modo di vivere che adottò fu un perfetto *cliché* perché frequentò di continuo sia i salotti dell'alta borghesia sia quelli dell'aristocrazia parigina.

In seguito biasimò l'affettazione e lo snobismo che albergava in quegli ambiti ma ciò non gli impedì di trarvi il piacere della digressione tollerata, all'epoca molto in auge in quei luoghi: l'omosessualità. Delle numerose relazioni che Marcel Proust consumò, tre innamoramenti lo portarono a legarsi con persone senz'altro popolari nella Parigi bene di quegli anni.

Proust si unì nell'ordine al musicista di origini venezuelane Reynaldo Hahn e al celebre conte Robert Joseph Marie Anatole de Montesquiou-Fézensac, più noto come il *dandy* francese *Robert de Montesquiou*.

Tuttavia, il legame più profondo perché, forse, non fu essenzialmente carnale, Marcel Proust lo ebbe con il conte Bertrand Alfred Marie de Salignac-Fénelon. Nel tomo prescritto *À la recherche du temps perdu* lo ricordò più volte e pure in modo esplicito. Capitò in *Sodome et Gomorrhe*.

Alcuni lettori potrebbero rammentare qualcosa in proposito. In un passo di *Croissant de Lune*, la gelosia di Étienne Albin Pochebonne esplose proprio quando scoprì che Proust aveva celebrato Salignac-Fénelon in *Sodome et Gomorrhe*.

A proposito della *Recherche* è bello ricordare come, da «*io narrante*», Marcel Proust scriva ricordando il piacevole sapore ritrovato di una *madeleine*.

Nel caso, si tratta del tipico dolcetto francese a forma di conchiglia risalente al XVIII secolo che fece innamorare il re Luigi XV tanto da chiamarlo poi con il nome della pasticcera che lo creò.

Riguardo invece all'asserzione in argomento, le chiavi di lettura sono molteplici.

Dal significato più banale di non cercare altre terre o nuovi orizzonti ma provare a comprendere più a fondo il proprio ambiente di vita.

Fino a giungere alle accezioni delle interpretazioni e delle esegesi figurate che possono interessare gli affetti di una o più persone care, piuttosto che qualunque altro elemento scatenante la volontà di un cambiamento irragionevole.

Mark Twain

Tra vent'anni sarai più dispiaciuto per le cose che non hai fatto che per quelle fatte.

Quindi sciogli gli ormeggi e naviga lontano dal porto sicuro. Cattura i venti dell'opportunità nelle tue vele.

Esplora, scopri, sogna...

Un conciso componimento di Samuel Langhorne Clemens (meglio conosciuto con lo pseudonimo di *Mark Twain*).

Lo scrittore del Missouri è annoverato nella schiera dei più grandi umoristi di tutti i tempi. Dal suo capolavoro scritto nel 1885, *The adventures of Huckleberry Finn*, si ritiene derivi la narrativa americana moderna.

A ogni buon conto, *Twain* raggiunse la grande popolarità con il primo romanzo, *The adventures of Tom Sawyer*, scritto a trentadue anni, nel 1867. La sua avventura letteraria iniziò presto malgrado Samuel avesse abbandonato la scuola ad appena dodici anni a causa della morte del padre.

Fra le tante attività cui *Twain* si dedicò prima di scrivere, sono degne di citazione quelle di cercatore d'argento, soldato e pilota di battello sul Mississippi.

Quando il ventottenne Samuel Langhorne Clemens entrò nel *Morning Call* di San Francisco per sperimentare la carriera giornalistica, adottò lo pseudonimo che lo consacrò ai più.

Mark Twain deriva da un'espressione dei battellieri che nella sua epoca scandagliavano i fondali del fiume Mississippi, «*segna due*» ovvero *due braccia*.

Il pensiero riportato, invece, non necessita di particolari commenti perché è un esplicito invito alla più rapida iniziativa da parte di coloro che languono nell'ignavia.

Confucio

Non importa se vai avanti piano, l'importante è che non ti fermi.

Questa è la traduzione di una delle centinaia di locuzioni attribuite a *Kong Fuzi* (Maestro Kong), appellativo con cui è passato alla storia *Qiu Kong* (anche se risulta avesse pure un altro nome: *Zhong Ui*).

In realtà, nell'emisfero occidentale lo conosciamo meglio con la traduzione latina di *Kong Fuzi*, attribuita ai missionari cristiani (quasi certamente Gesuiti) che, partiti dall'Europa mediterranea, arrivarono in Cina intorno al XVI secolo.

In altre parole, *Confutius* e, quindi, *Confucio*.

In breve, si sa che *Confucio* nacque con molta probabilità nel 551 a.C. nel piccolo *Principato di Lu* da una famiglia in apparenza abbiente che, però, non gli permise un'infanzia agiata.

Trascorse la gioventù e la maturità come tanti rampolli del suo tempo senza, peraltro, trovare mai la strada maestra.

La tradizione, non avulsa dalla leggenda, vuole che all'età di cinquant'anni, dopo aver occupato cariche amministrative locali, peraltro abbastanza modeste, il sovrano di *Lu* gli offrì di dirigere il Ministero della Giustizia.

Dai documenti e dai carteggi risulta che i due, per sfortuna di *Qiu Kong*, non entrarono in sintonia. Per quest'avversità il futuro *Confutius* rinunciò all'incarico.

Dopo questo fatto *Zhong Ui* girovagò, errando come un qualsiasi filosofo peregrino. Per oltre una decina d'anni offrì i suoi servigi a molti feudatari fino a quando, senza aver riscosso il ben che minimo successo, si ritirò per sempre nel minuscolo *Principato di Lu* in cui era nato.

Lì si dedicò all'insegnamento della sua dottrina a quanti vollero dargli ascolto finché nel 479 a.C. passò a miglior vita. In estrema sintesi questa è la storia della vita di *Confutius*.

Tuttavia, come spesso avviene (con alte e basse valutazioni proseguite addirittura sino agli anni '80 del Novecento), dopo la morte di *Confucio* in pratica cambiò tutto.

Infatti, nel corso del tempo gli furono eretti monumenti, assegnati titoli onorifici e dedicati dei templi. In alcuni luoghi furono perfino decretati dei sacrifici rituali alla memoria.

Riguardo al detto in epigrafe, fra i tanti possibili significati è bello immaginare che con questa breve asserzione il grande pensatore volesse suggerire di non demordere, di muovere un passo alla volta, determinato e convinto, purché costante verso il raggiungimento dell'obiettivo prefissato.

Quindi, senza tentennamenti o indecisioni che potrebbero poi compromettere la realizzazione dei sogni inconfessati e delle proprie aspirazioni.

Quasi un testamento ai posteri.

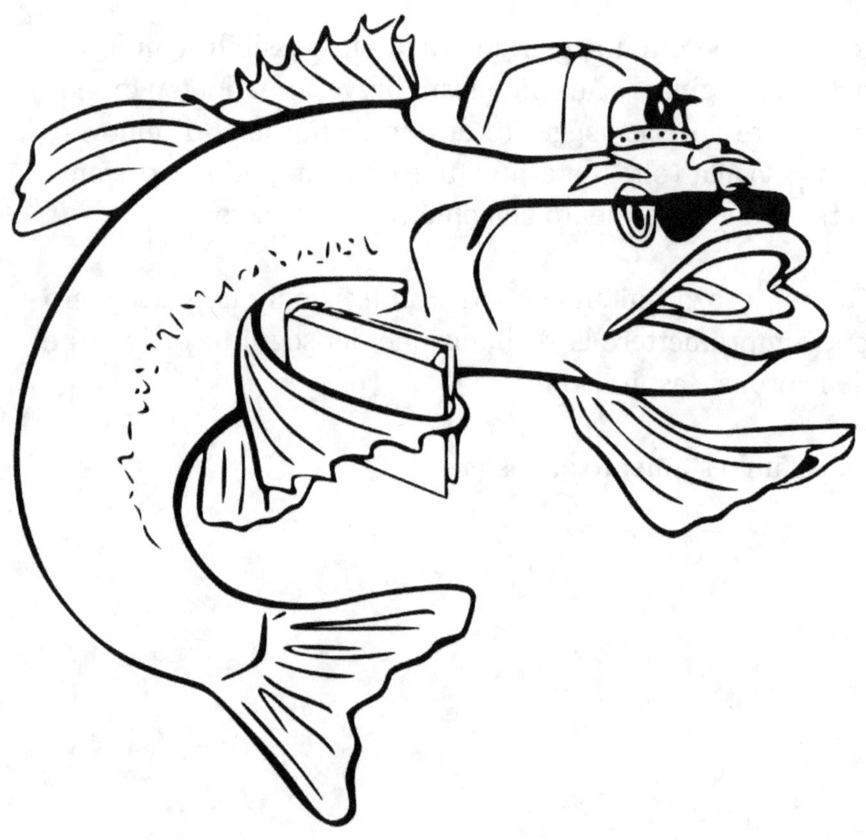

Cogito, ergo sum

(latino = penso, dunque esisto)

Quando il filosofo francese René Descartes (*Cartesio*) costruì il suo sistema, evidenziando la constatazione fondamentale dell'esistenza di un soggetto razionale, avrà pensato a dove sarebbe finito l'animo umano?

Rammentando altri pensatori dell'antichità come Aristotele, fondatore indiretto del Liceo, e Platone (mentore di Aristotele, fin da quando aveva diciotto anni), o il grande Socrate, *Cartesio* avrà immaginato che cosa sarebbe diventato l'essere pensante e capace di raziocinare che in quel preciso momento lui vedeva riflesso nello specchio?

Peccato che René Descartes oggi non abbia la possibilità di esprimere il pensiero più adatto per quest'epoca.

Ne sutor ultra crepidam
oppure
Ne supra crepidam sutor

(latino = che il calzolaio non giudichi al disopra della scarpa)

La leggenda vuole siano parole di Apelle, uno dei due più grandi pittori del IV sec. a.C. che divenne il ritrattista aulico di Alessandro III re della Macedonia, universalmente conosciuto anche come *Alessandro Magno*.

Nonostante l'animo di *Alessandro il Grande* fosse sempre pronto all'ira, la maestria di Apelle, non disgiunta da una spontanea cortesia, fu così apprezzata dal conquistatore macedone tanto da permettergli di instaurare perfino un sincero rapporto d'amicizia.

Purtroppo della pittura e delle opere di Apelle non è rimasta traccia; è possibile rinvenire qualche indizio sulla natura della sua arte soltanto in pochi accenni nella letteratura antica. A ogni modo, è risaputo che il pittore greco avesse l'abitudine di esporre in un balcone, alla vista dei passanti, ogni suo quadro appena terminato.

Dopo, di nascosto, ascoltava i loro commenti o le eventuali critiche perché considerava la voce del popolo, beninteso entro i limiti della propria competenza, più attenta e idonea delle sue valutazioni personali.

Una volta, però, Apelle si rivolse con i termini di questa celebre massima a un ciabattino che il giorno prima aveva rilevato delle irregolarità nei tratti di un paio di sandali dipinti nel quadro.

Capitò perché dopo aver eseguito in assoluta modestia le correzioni rilevate dal calzolaio, quest'ultimo, di sicuro compiaciuto dal risultato del precedente intervento, pretese di giudicare anche il resto dell'opera e cominciò a biasimare una gamba.

Si comprenderà quindi perché queste parole si dicono generalmente per invitare a parlare solo di ciò che si conosce.

Nec (non) plus ultra

(latino = non più oltre)

Si tratta della mitica iscrizione che secondo la fertile fantasia popolare, più che per i vati dell'epoca, si credeva fosse posta sulle colonne che Ercole alzò in *Calpe* e in *Abila* (l'attuale Stretto di Gibilterra).

Infatti, in quel tempo storico si pensava che quelle colonne segnassero i limiti del mondo, oltre i quali agli esseri mortali era proibito andare.

Oggi si ripete nei discorsi aulici alludendo a una cosa perfetta che non ne ammette alcuna superiore.

Lao Tzŭ

Invece di maledire il buio è meglio accendere una candela.

Asserzione di *Lao Tzŭ* (VI sec. a.C.) che, in sostanza, di là di altre chiavi di lettura, invita a reagire alle avversità in modo positivo, senza rassegnarsi o farsi sopraffare dalla collera.

La storia di questo filosofo cinese è avvolta da una densa coltre di mistero, al punto che è stato presunto possa essere una figura del tutto leggendaria.

Già dai numerosi appellativi rinvenibili nei testi informativi scritti a proposito di questo sapiente orientale, mai suffragati da prove certe, si evince quanto siano scarsi i riscontri reali della sua esistenza.

Mane, thecel, pharès

(aramaico = contato, pesato, diviso)

Questi sono tre vocaboli biblici di origine semitica e più precisamente aramaica (*Mene, Tekel, u-Pharsin*) che secondo l'Antico Testamento cristiano (*Daniele*, V) il profeta Daniele scrisse nel suo *Libro* dopo aver avuto una visione escatologica (dei destini ultimi dell'umanità e del mondo).

In altre parole, egli asserì che una misteriosa mano di fuoco vergò queste parole sulla parete della sala dove il regnante di Babilonia teneva uno degli abituali conviti regali che, per altro, erano dei licenziosi baccanali. Di fatto erano un monito per annunciare la sua rovina. Secondo la mitologia classica, il monarca fu ucciso la notte successiva.

Di là della sentenza divina interpretata dal profeta Daniele (*Dio ha contato il tuo regno...*), il delitto segnò davvero la fine dell'impero Babilonese e la caduta della mitica città. Negli anni è stato però scoperto che quel sovrano citato come Baldassar o Baldassarre non fu precisamente colui che tramandò il *Libro* del profeta Daniele e neppure il figlio di Nabucodonosor.

Infatti, dei tre veri successori dell'imperatore morto nel 562 a.C. pare che l'ultimo erede in «*linea di sangue*», sia stato ugualmente assassinato.

Per ciò, una delle figlie di Nabucodonosor, Nitocris, già vedova, convolò a nuove nozze con Nabonedo o Nabonide. Benché fosse nato da lombi per nulla regali, lui divenne l'ultimo re Caldeo Babilonese.

Dopo alcuni anni la coppia si allontanò da Babilonia per stabilirsi nell'*Oasi di Teima* o *Tayma*. In quella parte dell'Arabia settentrionale eressero una fiorente città. Il loro figlio Baldassar o *Bēl-shar-uṣur* rimase nella patria natia e assunse il governo temporaneo di Babilonia come reggente fino alla prescritta uccisione.

In ogni caso, di là chi fosse l'effettivo regnante dell'epoca, nel 539 a.C. l'esercito persiano di Ciro II pose effettivamente fine al regno Caldeo Babilonese e conquistò Babilonia.

I dipinti raffiguranti il racconto della *scritta sul muro* sono innumerevoli. Degno di nota quello di Rembrandt Harmenszoon van Rijn, noto soltanto come *Rembrandt*. Nei giorni nostri questi termini lapidari sono in genere usati dai pochi eletti che conoscono, realmente, il profondo significato profetico dei vocaboli per indicare un avvertimento oscuro e minaccioso.

Video meliora proboque
deteriora sequor

(latino = vedo le cose migliori e le approvo ma seguo le peggiori)

Questo verso del grande Ovidio messo in bocca a Medea (*Metamorfosi*, VIII, 20) è una delle sintesi etiche e morali del XXI secolo.

Alludendo alla misera, grande debolezza degli esseri umani, i quali, pur conoscendo il bene non sanno astenersi dal fare del male, evidenzia ciò che avviene di continuo in ogni luogo del pianeta.

Non che al tempo di Ovidio e in ogni epoca passata questi comportamenti fossero sconosciuti, tutt'altro. Di sicuro, però, quei popoli non avevano acquisito le conoscenze e raggiunto i traguardi tecnologici di oggi.

Mezzi da permettere alle nazioni più ricche e potenti del globo di continuare a «*vivere bene*» e, nel contempo, guidare tutta l'umanità senza lasciare indietro nessuno.

Georges Mathieu

Un giorno, il pittore francese Georges Victor Mathieu d'Escaudœuvres, considerato il creatore e uno dei principali pensatori *dell'Abstraction Lyrique*, ricevette la visita di un giovane che non sapeva decidere quale strada prendere, se quella della pittura o della letteratura.

Il ragazzo aveva portato con sé alcuni dei suoi inguardabili quadri per sottoporli al giudizio del maestro. Georges Mathieu, dopo averli esaminati, gli disse lapidario:
Lasciate stare la pittura e datevi alla letteratura!

Potete dirmi la ragione di questo consiglio? domandò il giovane.

La carta costa meno delle tele! fu la risposta *tranchante*.

Busillis

Secondo la tradizione popolare questa espressione avrebbe avuto origine dall'errore di un chierico amanuense.

Quel giorno il seminarista avrebbe dovuto ricopiare dal testo di un Vangelo la frase *in diebus illis* (in quei giorni). Purtroppo divise malamente le parole e scrisse *in die busillis*. Per questo motivo non riusciva poi a comprendere il termine *busillis*.

Ancora oggi è d'uso impiegare la parola nel linguaggio dotto componendo frasi appropriate, come del resto è stato già scritto nel romanzo *I Promessi Sposi* piuttosto che nell'opera *I Fratelli Karamazov*.

In altre parole, qui sta il *busillis*, cioè: qui sta la difficoltà.

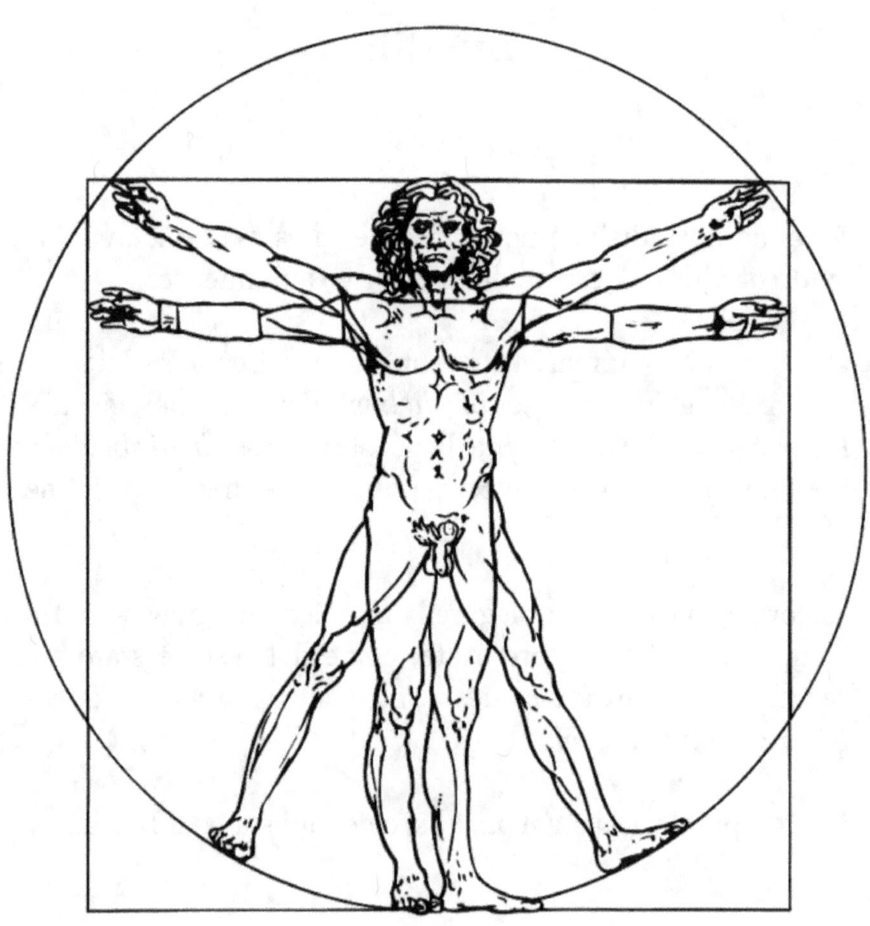

Rari nantes in gurgite vasto

(latino = rari nuotatori nell'immenso mare)

Questo è un emistichio virgiliano (*Eneide*, I, 118) riferito ai naufraghi delle navi di Enea.

Con valore proverbiale le prime due parole sono usate per indicare uno scarso numero di cose o persone disperse in un luogo vastissimo oppure fra tante altre cose o persone.

Tuttavia, quando il prescritto verso incompleto dell'*Eneide* è citato per intero assume un significato del tutto differente.

In questo caso, l'espressione *rari nantes in gurgite vasto* è attribuibile alle persone che per loro qualità o per i meriti si distinguono e si elevano sopra la media.

Mahātmā Gandhi

Nella vita non si deve aspettare che passi la tempesta, occorre imparare a ballare sotto la pioggia.

Questo è l'adattamento di un aforisma attribuito a Mohandas Karamchand Gandhi. In verità, non è stato possibile neppure in questo caso ritrovare la genesi effettiva del detto.

Va da sé che il *Mahātmā* per antonomasia (alcuni altri sono stati Lalon, Ayyankali, Swami Shraddhanand e Jyotirao Govindrao Phule), ha dispensato talmente tante perle di saggezza che certamente vale la pena di considerare attendibile per *default* anche questa massima.

Considerare che *Mahātmā* è un termine sanscrito composto dalle parole *mahā* che significa grande e *ātman* che vuol dire anima, quindi, *Grande Anima* (nel Giainismo, sin dal XVII secolo, il vocabolo era usato per indicare una classe di sacerdoti laici).

La frase è in ogni caso una di quelle espressioni che si usa definire «*senza spiegazione certa*» perché deve essere interpretata, obiettivamente o soggettivamente.

Pertanto può piacere a coloro che vedono la propria vita come una specie di *pot-pourri* di bellezza, problemi, piaceri, delusioni, ecc. che si alternano quasi ciclicamente.

Accettando il presente così com'è, vivono quindi alla giornata e convivono idealmente con tutto l'insieme che li circonda senza aspettare il Giorno del Giudizio.

Momento in cui, chissà quale radiosità coprirà qualunque afflizione piuttosto che qualsiasi mestizia dei reietti, vincendo la loro sofferenza con la grazia di un'equa giustizia superiore.

Altrettanto, può essere adatta per chi, viceversa, sperando in un ambito futuro radioso, onora l'angoscia quotidiana con un'indomita e inconfessabile convinzione:

la certezza che nell'attimo del *redde rationem* riscuoterà, con il giusto interesse, il legittimo tributo che lo affrancherà dalle angherie subite e dal dolore terreno.

Sepolcri imbiancati

Questa è un'espressione usata correntemente nel linguaggio dotto per indicare gli ipocriti.

Si presume derivi da un passo di quello che, con scarsa probabilità di corrispondere al vero, fu il primo Vangelo ad essere scritto.

A ogni modo, si tratta del testo secondo l'apostolo *Matteo* (XXIII, 25) in cui racconta che il Messia paragona Scribi e Farisei a dei sepolcri.

Tombe grandiose e mausolei che appaiono belli e immacolati a chi guarda ma all'interno non contengono altro che ossa di morti e putredine.

J'Accuse...!

(francese = io accuso...!)

Titolo della famosa lettera aperta scritta da Émile Zola al Presidente della Repubblica francese, Félix Faure. Questa intestazione campeggiò in prima pagina su *L'Aurore* del 13 gennaio 1898.

Con la comunicazione pubblicata in quel giornale, Émile Zola denunciò alla pubblica opinione il *caso Dreyfus*.

Alfred Dreyfus era un ufficiale francese, ebreo di origine alsaziana, operativo nel comando del corpo di Stato Maggiore. Nacque a Mulhouse nel 1859. Il 22 dicembre del '94 fu incriminato e condannato dal Consiglio di Guerra per spionaggio e alto tradimento.

L'accusa era di avere trasmesso al colonnello Maximilian von Schwartzkoppen, *attaché* dell'impero germanico a Parigi, una lettera anonima (il famoso *bordereau*) che, in cambio di denaro, anticipava l'invio di cinque documenti segreti dell'esercito francese che avrebbero pregiudicato la sicurezza nazionale.

Il *bordereau* fu rinvenuto dalla donna delle pulizie il 25 settembre del '94. Si scorgeva nel cestino della carta straccia sotto la scrivania di von Schwartzkoppen.

Le ragioni che all'inizio portarono a sospettare del capitano Dreyfus furono contrastate. Si parlò di gelosia, invidia e quant'altro ma quella lettera anonima divenne la prova chiave dell'ingiusto verdetto per tradimento.

Per via di questa condanna, nonostante si fosse dichiarato innocente e patriota, il 5 gennaio del 1895 Alfred Dreyfus fu degradato nel cortile dell'*École Militaire* nel modo più disonorevole: gli furono strappati i gradi e spezzata la spada di ordinanza.

Poi fu deportato nella più piccola e più settentrionale delle *Îles du Salut*, cioè l'*Île du Diable*, nel famigerato penitenziario al largo della costa della Guyana francese. Nell'isola del Diavolo il capitano Dreyfus sarebbe stato costretto ai lavori forzati a vita.

Il caso però fu molto controverso perché nel '96 il nuovo capo dell'ufficio informazioni dello stato maggiore, il colonnello Georges Picquart, provò che la calligrafia della lettera anonima incriminata non corrispondeva affatto a quella di Alfred Dreyfus.

Anzi, emerse che la scrittura era del maggiore di fanteria Ferdinand Walsin Esterhazy, nobile dalle origini assai antiche ma pressoché sopraffatto dai debiti di gioco. Non fu sufficiente: in virtù delle influenti amicizie di cui godevano i Walsin Esterhazy nelle alte sfere militari, il colonnello Piquart fu rimosso dall'incarico e trasferito in guerra.

L'attribuzione di colpa verso il nobile cadde nel vuoto.

Allora, nel novembre del 1897, Mathieu Dreyfus, il fratello del capitano ingiustamente condannato, scrisse un accorato appello al Ministro della Guerra per denunciare Ferdinand Walsin Esterhazy come il vero autore dell'atto di spionaggio e della contraffazione dei documenti.

Il maggiore di fanteria Walsin Esterhazy, forte delle importanti e compiacenti relazioni militari che vantava la sua famiglia, non si scompose e accettò di essere giudicato. Ferdinand Walsin Esterhazy fu convocato davanti al tribunale militare il 10 gennaio del '98.

Il Consiglio di Guerra pronunciò la sua innocenza all'unanimità. La sua assoluzione deflagrò nello scandalo generale.

A quel punto *l'affaire Dreyfus* dilagò.

Émile Zola pubblicò la lettera aperta su *L'Aurore* con in testata *J'Accuse...!* a caratteri cubitali. Quell'intervento di Zola divise la Francia in due fazioni contrapposte, cavalcate naturalmente dalle forze politiche.

I repubblicani ritenevano l'ex ufficiale Dreyfus del tutto innocente e vittima dell'antisemitismo nazionalista perché ebreo alsaziano. I nazionalisti con i clericali e gli antisemiti la pensavano esattamente al contrario.

Al culmine delle tensioni sociali nell'agosto del 1898 il tenente colonnello Hubert J. Henry si tolse la vita, attestando di essere uno dei falsari dei documenti a carico di Alfred Dreyfus.

Molte dimissioni furono rassegnate negli alti gradi militari, compresa quella del maggiore di fanteria Ferdinand Walsin Esterhazy.

Nel '99 il quotidiano *Le Matin* pubblicò un articolo a firma di Walsin Esterhazy. L'infame confessò di avere contraffatto la lettera anonima e gli altri documenti dell'*affaire Dreyfus* per obbedire a «*ordini superiori*».

Perciò, nell'agosto del '99 fu istruito un altro processo presso il Consiglio di Guerra di Rennes.

I colpevolisti riportarono ancora una vittoria perché quella corte giudiziaria annullò la precedente sentenza, ma condannò comunque l'ex ufficiale di stato maggiore a dieci anni di carcere per imprecisate «*circostanze attenuanti*». Ferdinand Walsin Esterhazy che intanto si era auto esiliato a Londra non fu neppure convocato.

Intervenne allora il nuovo Presidente della Repubblica francese, Émile Loubet, nominato nello stesso anno: concesse la grazia presidenziale ad Alfred Dreyfus ponendo fine alla campagna antisemita fomentata dai circoli politici più reazionari.

Vera giustizia all'ufficiale ebreo ingiustamente accusato di spionaggio a favore della Germania fu però fatta soltanto con la vittoria politica dei radicali - socialisti del 1902. Fu istruita un'inchiesta approfondita che terminò nel 1906.

Alla fine, Alfred Dreyfus fu assolto, reintegrato e promosso al grado di maggiore finché partecipò, come tenente colonnello, alla prima guerra mondiale.

Ferdinand Walsin Esterhazy visse sotto mentite spoglie il resto della sua misera vita in Inghilterra.

Walsin Esterhazy non fu mai condannato.

Di là di quanto avvenne dal 1894 al 1906 ai protagonisti del *caso Dreyfus*, la vicenda poté essere trasmessa ai posteri definitivamente solo ventiquattro anni dopo.

La pubblicazione nel 1930 delle memorie postume dell'*attaché* militare tedesco Maximilian Friedrich Wilhelm August Leopold von Schwartzkoppen confermò formalmente che la spia era stata proprio il maggiore di fanteria Ferdinand Walsin Esterhazy.

La morale di questa triste storia è scevra da commenti.

Ai poveri mortali di oggi è dato sapere che l'espressione *J'Accuse...!* è stata usata anni or sono in ambienti politici della penisola molto lontani dai dialoghi della gente comune.

Più precisamente è stata in voga in ambiti *radical chic* per indicare una violenta requisitoria, piuttosto che un'energica presa di posizione contro un'ingiustizia o un sopruso mentre, talvolta, si sorseggiava un Dry Martini col *lemon twist*.

Tuttavia dopo l'inchiesta giudiziaria che fece emergere il fenomeno chiamato «*Tangentopoli*» l'esternazione è caduta rapidamente in disuso.

Cum grano salis

(latino = con un granello di sale)

C'è ben poco da commentare su questa locuzione perché, ormai, è da intendere come un grido di speranza.

Siccome nell'uso delle persone di tutti i giorni il significato è *con un po' di discernimento* sarebbe opportuno desiderare che la classe politica italiana ingerisse qualche chilogrammo pro capite di sale marino, anche non raffinato, per alcuni mesi.

Non è certo che, con una massiccia cura di cloruro di sodio, gli appartenenti ai partiti riuscirebbero a cambiare e ad agire in sintonia con le necessità del popolo. Peraltro, se così non fosse, chissà mai che certuni possano trarne vero beneficio e almeno un minimo di senno.

Per i cultori della Storia si tratta, probabilmente, della forma in volgare di *addito salis grano* di Plinio il Vecchio (*Naturalis Historia*, XXIII, 773).

Après nous le déluge!

(francese = dopo di noi il diluvio!)

Frase attribuita dalla tradizione a *Jeanne Antoinette Poisson* meglio nota come *Madame de Pompadour* piuttosto che *Marquise de Pompadour*, la più celebre favorita del re Luigi XV di Borbone.

Secondo la leggenda la *Poisson* l'avrebbe pronunciata per consolare il suo regale amante dopo la sconfitta di Rossbach (5 settembre 1757). Tuttavia, in alcuni testi è citata anche nella forma *Après moi le déluge!* (Dopo di me il diluvio!).

In questo caso la locuzione è attribuita allo stesso re di Francia Luigi XV che, infastidito per le troppe pressioni ricevute, l'avrebbe pronunciata durante una conversazione con la medesima *Madame de Pompadour*.

Parrebbe che, dando sfogo alla sua irritazione, il Re volesse far cessare le insistenti esortazioni a occuparsi meglio e più attivamente degli affari dello stato francese, che stava navigando verso l'orlo della bancarotta sociale e finanziaria.

Peraltro, all'inizio del suo regno Luigi XV ottenne consensi entusiasti da parte del popolo; tant'è che gli assegnarono perfino il nomignolo di *Bien-Aimé* (Benamato). Viceversa, negli ultimi anni della sovranità cambiarono l'appellativo in *Mal-Aimé* (Odiato).

Il crollo della popolarità del Re sopraggiunse implacabile con il passare del tempo. Fu soprattutto per via della sua indolenza e dell'insicurezza a prendere decisioni autonome a favore dei sudditi o per il bene dello Stato.

Nondimeno, per l'incapacità oltre al rigetto a occuparsi della vita politica del Paese che, di fatto, era governato unicamente dai suoi ministri occasionali, mai stabili e durevoli.

Inoltre, la costante presenza a palazzo reale di libertine e cortigiane dissolute che con uomini di corte profittavano di continuo dell'immobilismo e della debolezza del monarca, nonostante lui fosse comunque colto, fecero il resto.

Dapprima ci fu il primo tentativo di regicidio ai suoi danni, avvenuto a Versailles nel 1757. Seguirono le tentate ma vane riforme fiscali per sanare il bilancio dello Stato (*vingtiéme*). Sopraggiunsero le campagne persecutorie contro gli ugonotti che senz'altro minarono l'autorevolezza del personaggio e la sua reputazione. Dopo iniziò l'effettivo tramonto del Re.

Nel 1764, quando morì *Madame de Pompadour*, il sovrano cadde in una profonda depressione che si aggiunse al vaiolo che non riusciva a debellare.

L'impopolarità del Re toccò l'apice in pochi anni. Alcuni congiunti, compresa la moglie, morirono prima del tempo.

Finché, in un dì in cui si aprì un'insperata breccia nella depressione regale, Luigi XV s'invaghì di *Marie-Jeanne Bécu*, una giovane di padre ignoto, ma dalla personalità leggera e garibaldina, diventata poi famosa come *Madame du Barry* che seppe conquistare il sessantenne infelice, indisponendo l'intera corte.

La compagnia della nuova e bella cortigiana però non gli bastò per vincere la guerra contro la malattia, ormai incurabile.

Nel maggio del 1774 il *Mal-Aimé* si spense nella reggia di Versailles.

Dopo questa breve digressione su Luigi XV di Borbone, tornando alla duplicità dell'espressione è comunque possibile giungere a una conclusione, anche se la vera origine del detto non è mai stata scoperta. C'è persino chi ha presunto sia un aforisma apocrifo.

Riguardo alla supposta non genuinità della frase è opportuno ricordare *Il colore della lavanda* e ciò che *Gaspard Chatrian*, il singolare capofamiglia della *Maison du Chamois Rouge* affermò in un passo del romanzo.

Questa riflessione potrebbe apparire estranea all'asserzione attribuita alla *Marquise de Pompadour* ma non è così. Tanto più che *Gaspard Chatrian* era schiavo dei suoi immensi averi e della paura di perderli, anche se unicamente a favore della sua prole sottomessa e infelice.

In ogni caso, lui dichiarò con solennità:
«Quando non c'è inconfutabile garanzia di certezza, tutti possono dire o cantare la loro e, probabilmente, tutti hanno ragione.»

Quasi *Après nous le déluge!* fosse un detto con valore di sentenza, ancora oggi è usato per asserire:
chi verrà dopo di noi, si dovrà adattare al peggio.

Ex cathedra

(latino = dalla cattedra)

Leggendo questa locuzione un pensiero giunge subito alla mente. Non fosse altro che l'espressione è frequente nell'uso ecclesiastico ma non nel linguaggio erudito convenzionale.

Infatti, indica la condizione del Papa quando definisce in via ufficiale i dogmi della fede.

Tuttavia è usata a sproposito dai politici durante i loro comizi elettorali quando gridano di non sentirsi *ex cathedra* nei confronti dei possibili elettori.

Il *popolo italiano degli individui normali* che volesse servirsi del detto potrebbe farlo, con ironia, verso chi si esprime in modo saccente o con sussiego.

George Carlin

La vita non si misura da quanti respiri facciamo ma dai momenti che ci tolgono il respiro.

Questa frase è di George Dennis Patrick Carlin, statunitense, (conosciuto semplicemente come *George Carlin*).

George Carlin è stato un grande comico dissacrante, talvolta incoerente, un attore e uno sceneggiatore osceno.

In fondo era un artista celebre per l'atteggiamento irriverente e le osservazioni sul linguaggio, sulla psicologia, sulla religione e su altri numerosi argomenti considerati ancora intoccabili negli U.S.A.

Per ironia della sorte *George Carlin* morì quattro giorni prima di essere nominato *The Year's Honoree* per il suo umorismo al *Mark Twain Prize 2008*.

Homo homini lupus

(latino = l'uomo è lupo per l'uomo)

Sono parole di Plauto (*Asinaria*, II, 4, 88) riprese da saggi e filosofi come Francis Bacon, ovvero *Francesco Bacone*, e Thomas Hobbes per indicare l'egoismo umano.

La tradizione vuole che il *cognomen* originario di questo commediografo latino fosse *Plotus* ma, con gli anni, sia stato urbanizzato in *Plautus*.

Il prenome e il nome sono invece incerti: forse si chiamò *Titus Maccius* (la tradizione antica riporta *M. Accius* mentre, secondo alcuni storici, aveva un soprannome, *Maccus*, derivante dall'omonima maschera fissa della farsa atellana).

A ogni modo, oggi è comunemente conosciuto come Tito Maccio Plauto.

Della vita di Plauto si hanno davvero scarse informazioni e quel poco che è stato ricondotto a noi è riportato in forma romanzesca. Infatti, sembra che dapprima facesse il servitore in una compagnia di comici finché cadde in estrema povertà a causa di quella vita errabonda e per niente redditizia. Pare che, non avendo di che cibarsi, Plauto fosse riuscito a trovare un lavoro di fatica come garzone nella macina di un mugnaio.

Sembra che proprio in quel difficoltoso periodo, Plauto abbia iniziato a comporre commedie che incontrarono il favore del pubblico. Estimatori che non lo abbandonarono più.

In passato si era presunto che questo autore latino avesse composto numerose rappresentazioni teatrali. Altrettanto, che con il suo nome fossero state scritte almeno un centinaio di opere apocrife: dopo la sua morte, difatti, ne circolavano almeno 130.

Solo con il trascorrere del tempo i critici plautini riuscirono ad attribuire a Plauto i testi che, con ragionata probabilità, potevano essere veramente suoi: poco più di 20.

Confucio

Non avere amici che non siano alla tua altezza.

Un'altra asserzione del Maestro Kong di cui non si dovrebbe commentare nulla oppure si potrebbero scrivere fiumi di parole.

Considerando il suo pensiero filosofico, *Confutius* si sarà riferito soltanto al livello mentale delle persone.

In altri termini correnti, in un *focus group* contemporaneo si approverebbe che era riferito alla capacità introspettiva, alla perspicacia e alla loro umanità.

Perché dubitarne?

Volli, e volli sempre, e fortissimamente volli

Secondo gli storici Vittorio Amedeo Alfieri scrisse questa famosa frase a proposito della sua ferrea determinazione di diventare un autore tragico al punto di farsi legare alla sedia da Elia, il suo fedele servitore.

Accadde quando inviò la ben nota *Lettera responsiva* a Ranieri Simone Francesco Maria de' Calzabigi, poeta e celebre librettista dell'epoca.

Peraltro, sebbene sia proprio il caso di *scriverlo con le molle*, si sarebbe scoperta un'altra verità a proposito della bizzarra risolutezza dell'Alfieri.

Secondo le cronache, parrebbe che il domestico non legasse il Conte affinché studiasse e lavorasse alla scrivania ma per evitare che potesse correre a Torino colmo di passione.

Infatti, si era invaghito di Gabriella Falletti di Villafalletto, «*l'odiosamata Signora*» più anziana dell'Alfieri di ben dieci anni; tuttavia, il Conte non riusciva a resistere lontano da lei.

Nel caso di questa massima, la traversia del drammaturgo però contrasta con l'almanacco della sua vita.

Per l'appunto, la *Lettera responsiva* a Ranieri de' Calzabigi fu scritta dall'Alfieri il 6 settembre 1783 quando era a Siena, mentre la «*terza trappola amorosa*» (così il Conte chiamò la relazione con la Falletti) durò a grandi linee dal 1772 al 1774.

La dicotomia fra i luoghi e, ancor più, tra gli anni permette di ritenere alquanto opinabile almeno l'accostamento dei fatti con l'impegno quotidiano del fidato Elia.

A proposito del contenuto della frase è facile approfittare del preciso intendimento di Vittorio Alfieri e collegarlo alla realtà odierna.

Tanto è vero che *Volli, e volli sempre, e fortissimamente volli* si può ascrivere alla volontà dei personaggi aggrovigliati al mondo politico attuale ché fanno sempre di tutto e di più per non cedere lo scanno.

Absit iniuria verbo

(latino = sia detto senza ingiuria)

Questo è l'adattamento di una frase di Tito Livio (IX, 19 e XXXVI, 7: *absit invidia verbo*).

Si diceva in un passato, culturalmente ormai troppo lontano, quando si temeva che qualche parola oppure un gesto potesse offendere l'uditore. Di norma era usata fra persone colte o di lignaggio superiore.

Oggi non v'è traccia alcuna che la frase sia ancora impiegata con proprietà di linguaggio ovvero capacità d'intenti.

Potrebbe essere, purtroppo, una fra le conseguenze della libertà d'espressione tipica in uso nella *rete virtuale*.

In altre parole, di coloro che credono di navigare e scrivere nei *social media* al pari di come (forse) pensano.

Ibis redibis non morieris in bello

(latino = andrai tornerai non morirai in guerra)
oppure
(latino = andrai non tornerai, morirai in guerra)

Questa è una frase latina molto particolare riportata nella cronaca di Alberico delle Tre Fontane, un monaco cistercense meglio conosciuto come *Fra Alberico*, vissuto nella metà del XIII secolo.

In quella che lui chiamò *Cronica delle cose notabili intervenute dal principio del mondo fino al 1241* riportò quella che potrebbe essere stata la predizione di una delle *sibille* fatta a un non ben identificato soldato o guerriero che dir si voglia, andato a consultare l'antico oracolo su quelle che potevano essere le conseguenze derivanti da una sua missione bellica.

La prerogativa di questa frase è che ha due significati contrari, come del resto sono spesso state le risposte oracolari, dette appunto *sibilline*. Nel caso, il senso cambia a seconda che nella frase in latino si metta o no la virgola dopo il *non*.

Nel linguaggio dotto e invero anche politico (specialmente per indicare un discorso oppure a proposito di leggi e decreti, piuttosto che di documenti ufficiali o quesiti referendari dal significato fuorviante, oscuro e ambiguo), le prime due parole di solito sono citate con ampollosità.

Tanto nomini, nullum par elogium

(latino = a tanto nome, nessun elogio adeguato)

La bellezza dell'epitaffio è insita nella testimonianza terrena, complessa e controversa, fornita dal ricevente di questa iscrizione.

Tanto è vero che perfino fra i posteri c'è chi considera l'individuo in questione con netta antinomia. Da chi ritiene sia stato un uomo dotato di arguta e sottile intelligenza a chi reputa avesse un intelletto spregiudicato e privo di scrupoli.

In tutti i modi, si tratta dell'epigrafe che fu posta sul monumento a Niccolò di Bernardo dei Machiavelli, noto come *Niccolò Machiavelli*, in Santa Croce a Firenze.

Al giorno d'oggi si pronuncia quando si vuole fare un elogio ironico a qualcuno.

René Edmond Floriot

A un cliente che affermava di non sapere come esprimere la propria riconoscenza per aver vinto la causa a suo carico, René Edmond Floriot dichiarò sorridendo:

«Amico mio, da quando i Fenici hanno inventato la moneta questi problemi sono superati!»

René Edmond Floriot nacque a Parigi nell'ottobre del 1902. Nonostante fosse il figlio di un semplice impiegato comunale, studiò giurisprudenza alla *Sorbonne* e iniziò la pratica forense prima di compiere ventuno anni.

Grazie all'astuzia e alla determinazione che caratterizzavano il suo carattere, Floriot riuscì a imporsi in una professione che all'epoca era spesso preclusa agli avvocati d'estrazione sociale inferiore.

Tant'è che, dopo la fine della Seconda Guerra Mondiale, per aumentare la fama difese spudoratamente sia criminali di guerra sia alcuni collaborazionisti che avevano appoggiato le forze tedesche d'occupazione. Tuttavia fu soprattutto per la sua memoria prodigiosa che René Edmond Floriot poté avviare una carriera sfolgorante che gli permise di diventare uno dei migliori e più costosi avvocati penalisti parigini.

Infatti, egli aveva la capacità di semplificare a voce anche il caso più noioso e complesso che stava dibattendo affinché fosse alla portata dei giurati comuni. Diversamente da altri avvocati francesi che si avvalevano dell'anonima eloquenza per infiorare le loro arringhe con allusioni e passaggi eleganti, Floriot parlava direttamente dei fatti giuridici.

Nel periodo in cui esercitò l'attività, René Edmond Floriot divenne probabilmente l'avvocato di lingua francese più famoso del mondo. Conseguì delle vittorie folgoranti (storica quella ottenuta nel 1960 per l'eminente avvocato svizzero *Pierre Jaccoud* allorché esistevano a suo carico delle schiaccianti prove di omicidio: fu condannato a soli sette anni).

Ebbe delle rare sconfitte ma molto amare: cocente quella del caso *Moise Tshombe* del 1967 quando Floriot aveva già sessantaquattro anni.

A ogni modo, risulta che i casi processuali dibattuti da René Edmond Floriot siano stati almeno ventimila. Il prestigioso penalista non riuscì a salvare però dieci clienti dalla *Cupa Ingannatrice*: due furono condannati alla ghigliottina e otto subirono la pena capitale tramite il plotone di esecuzione.

Le roi est mort, vive le roi!

(francese = il re è morto, viva il re!)

Con queste parole rituali nell'antica monarchia francese si annunciavano simultaneamente la morte del re e l'avvento al trono del successore.

Derivano dalle grida «*Mort est le Roi Charles, vive le Roi Henri!*» urlate per la prima volta nel 1422 all'atto della sepoltura di Carlo VI.

Questa forma verbale consentì la successione pressoché immediata a *Henri VI d'Angleterre*, contestato erede del trono di Francia, in virtù del trattato di *Troyes* firmato da suo padre Enrico V e appunto da Carlo VI nel 1420.

In buona sostanza, nel pieno della Guerra dei Cent'anni.

Le parole generiche «*Le roi est mort, vive le roi!*» furono invece pronunciate per la prima volta nel 1498 durante il funerale di Carlo VIII.

Da quando divenne il primo Pari di Francia questa dichiarazione solenne fu proclamata ad alta voce sempre e solo dal *Duca d'Uzès*: la urlava nel momento in cui la bara contenente le spoglie del re defunto era tumulata nella cripta della *Basilique cathédrale de Saint-Denis*.

Coloro che hanno letto *Croissant de Lune* potrebbero ricordare che la prima volta in cui è stato urlato questo rituale è stata citata nel romanzo medesimo.

Per la precisione, a proposito della prerogativa esclusiva che caratterizzava gli *Angeli Tutelari*...

Oscar Wilde

Ho dei gusti semplicissimi, mi accontento sempre del meglio.

Questa massima di vita pratica riassume perfettamente lo scrittore irlandese. Le sue acute parole sferzanti, i modi stravaganti e l'intelligenza eclettica sono condensate nel celeberrimo aforisma lapidario.

Oscar Fingal O'Flahertie Wills Wilde ebbe natali favorevoli in una famiglia più che abbiente.

Il suo genio è spesso ricordato associandovi la condanna che subì in Inghilterra per via delle abitudini sessuali contrarie alla morale dell'epoca.

Oscar Wilde fece una fine beffarda ad appena 46 anni. A dispetto delle supposizioni, suffragate dallo stile di vita, sarebbe morto per una banale infezione all'orecchio medio trascurata per troppi anni.

Col tempo l'otite cronica divenne grave, colpì il cervello e provocò una fatale meningoencefalite.

Che l'inse?

(dialetto genovese = che la rompo? - comincio? - chi comincia?)

Questa è la leggendaria domanda del fanciullo genovese chiamato *Balilla* pronunciata nel tardo pomeriggio del 5 dicembre del 1746 che diede l'avvio alla rivolta dei genovesi contro gli austriaci che occupavano la città di Genova e la Liguria.

Il tumulto scoppiò quando un grosso mortaio nominato *Santa Caterina*, prelevato alla Cava sulle alture di Carignano e scortato da un drappello di soldati austriaci, affondò in una stretta via del quartiere popolare di Portoria per via della melma originata dalla pioggia scrosciante.

Un sottufficiale, comandante dei militari, arringò allora alla gente che osservava affinché aiutassero i soldati a liberare il pezzo d'artiglieria.

In tanti si rifiutarono o ingiuriarono gli austriaci. Il sottufficiale reagì menando bastonate a destra e a manca.

Fu a quel punto che da un gruppo di ragazzini sbucò un giovinetto che dopo aver proclamato «*Che l'inse?*» scagliò un sasso contro i soldati austriaci. Si accese così la prima scintilla dell'insurrezione.

La fitta sassaiola che seguì costrinse i militari a una fuga precipitosa.

Il segnale dato dal fanciullo fu travolgente.

La successiva sommossa generale del popolo genovese permise di scacciare gli austriaci da Genova e dalla Liguria in solo cinque giorni. Peraltro in nessuna cronaca o documento dell'epoca si evince il vero nome dell'ardito monello di Portoria.

C'è da dire che *Balilla* era un nomignolo accomunabile a "monello" o "ragazzino" oppure anche a *Baciccia* che proprio a Genova era il diminutivo di Giambattista o di Giovanni Battista.

Tuttavia, quasi cento anni dopo, intorno al 1845 si diffuse a mezzo stampa la notizia che quel *Balilla* si chiamasse Giovan Battista Perasso e fosse nato l'8 aprile del 1729 a Montoggio, nella frazione di Pratolongo, sulle alture di Genova.

Le cronache narrano fosse stato il parroco di Montoggio, tale Giovan Battista Miraglia, a dichiarare di avere ricevuto questa vanteria proprio dal Perasso. Tutto ciò bastò per far sì che Genova ottenesse il suo eroe.

Tant'è che perfino il genovese Goffredo Mameli immortalò il *Balilla* nel celeberrimo *Canto Nazionale*, prima versione dei *Fratelli d'Italia*.

La storia però non s'interruppe. Nel 1865 o nel 1881, anche in questo caso non v'è certezza, il curato di Santo Stefano in Portoria presentò una fede di nascita attestante che un certo Giovan Battista Perasso era nato in quella parrocchia il 26 ottobre del 1735.

Un'apposita commissione nominata dal Municipio certificò che il vero *Balilla* era proprio quello nato a Genova. Nel 1904 la questione del *Balilla* parve riaprirsi quando l'avvocato genovese Edoardo Cabella consegnò in Municipio un foglio conservato da Nicoletta Perasso.

La donna affermava fosse un documento autografo scritto da un suo avo e custodito in famiglia. In buona sostanza quell'antenato vi dichiarava che il 5 dicembre del 1746 aveva dato inizio alla ribellione lanciando un *sassu*.

Sull'autenticità del foglio autografo sorsero molte contestazioni e la vicenda cadde in un limbo perpetuo.

Negli anni successivi altre dimostrazioni mai suffragate da prove concrete portarono a nuovi presunti *Balilla*.

Alla fine anche gli studiosi, non solo di quell'epoca, come Gian Agostino Gastaldi che in una versione in genovese della Gerusalemme Liberata pubblicata a Genova nel 1755, *Ra Gerusalemme deliverà dro Signor Torquato Tasso traduta in lengua zeneize*, confermarono l'esistenza dell'audace monello del quartiere di Portoria.

Ciò nonostante, nessuno fra gli storici poté affermare che quel *Balilla* fosse proprio il giovinetto della prima sassata.

Nel 1926 fu pubblicato un poemetto in latino grossolano, *Bellum Genuense*. L'autore originario dell'epillio, quantunque ignoto, pare sia stato un sacerdote che partecipò agli avvenimenti.

Anche in quel caso il ragazzino che scagliò la prima pietra ebbe però un altro nome.

Altrettanti dubbi furono espressi nel *Breviario della Storia di Genova* del 1955.

Di là di questi documenti che in ogni caso coincidono con l'esistenza del fanciullo di Portoria, confermata persino da un dispaccio governativo veneziano del 23 gennaio del 1747 che descrive «*la prima mano onde il grande incendio si accese, fu quella di un picciol ragazzo, quel dié di piglio ad un sasso e lanciollo contro un ufficiale tedesco*», ciò che conta è la tradizione.

Quindi, benché fin dal 1927 la stessa Società Ligure di Storia Patria abbia confermato che alla luce delle conoscenze e della documentazione esistente non è possibile identificare con sicurezza il *ragazzo delle sassate*, tutti i genovesi che ricordano sono ormai tenacemente legati al nome di *Balilla*.

Anche se la storia non è avvalorata da documenti certi, questo nome ha consacrato e simboleggiato gli ardimenti della gioventù di quel tempo.

Da quel gesto sono trascorsi duecento settantuno anni.

Ci sono state ricorrenze, commemorazioni, una lapide e perfino un monumento dedicato all'eroe, eretto in Piazza Portoria, di fronte al Palazzo di Giustizia, in un angusto cantuccio di verde genovese ingabbiato fra edifici giganteschi che riducono ancor più la minuscola figura del fanciullo.

Il mondo è invecchiato. Guerre, carestie, migrazioni, globalizzazione. Per tanti è migliorato, per altri è regredito. Sarebbe comunque fuori luogo allargare la riflessione dopo aver ricordato quel piccolo *Balilla*.

Ma oggi, da quanto si evince tutti i giorni, che penserebbero della loro patria quei giovinetti ardimentosi?

Adelante, Pedro, con juicio

(spagnolo = avanti, Pietro, con giudizio)

Famosa frase de *I Promessi Sposi* (XIII; in verità: *Pedro, adelante con juicio* e *Adelante, presto con juicio*) proferita dal Gran Cancelliere dello Stato di Milano, *Antonio Ferrer*, al proprio cocchiere spagnolo.

Accadeva mentre con la carrozza, diretta al palazzo del Vicario di Provvisione, *Ludovico Melzi d'Eril*, assediato e minacciato di morte perché presunto responsabile della mancanza del pane (peraltro senza alcuna colpa), *Antonio Ferrer* attraversava una folla di dimostranti in tumulto, appunto durante la cosiddetta «rivolta per il pane» scoppiata nella città meneghina.

La citazione era usata in modo proverbiale per raccomandare attenzione e massima prudenza.

Rara avis in terris, nigroque simillima cycno

(latino = uccello rarissimo sulla terra, quasi come un cigno nero)

Espressione iperbolica di Giovenale (*Satire*, VI, 165) a proposito di Lucrezia e Penelope, due spose, rispettivamente di Collatino e Ulisse.

In questo modo voleva citare le donne come rari esempi di virtù muliebri.

Ancora oggi si ripetono le prime due parole della massima per indicare persone straordinarie piuttosto che qualcuno o qualcosa di eccezionale.

Beaux-Arts

Esiste un'*arte superiore*?

Mah... ognuna ha eccellenti pregi caratteristici e limitazioni inoppugnabili differenti dalle altre.

Tuttavia, qualunque artista nutrirà sempre la convinzione che l'arte in cui emerge lui, sia la più importante fra le sette *Beaux-Arts* moderne.

Capitò pure a Giuseppe Grandi che, pur essendo anche pittore, era più che altro uno scultore e un incisore di alto profilo e all'amico Tranquillo Cremona, il maggiore interprete nell'ambito pittorico del drappello di persone della *Scapigliatura Lombarda* cui aderivano entrambi.

Nelle loro vivaci discussioni affrontarono pure l'argomento della superiorità della propria arte.

«Puoi dire ciò che vuoi ma ritraendo sulla tela il viso di una bella donna, non potrai mai fare ammirare al pubblico anche la sua magnifica schiena nuda!» asserì una sera il Grandi quasi con sussiego.

«E tu prova un po' a scolpire nel marmo un incantevole chiaro di luna!» replicò con paludata ironia l'amico pittore.

Lo scultore Giuseppe Grandi spirò a cinquantuno anni mentre l'artista pavese si spense appena quarantunenne.

Nel caso di Tranquillo Cremona si trattò di una pesante intossicazione da piombo racchiuso nel suo colore preferito: il bianco.

L'uso continuo e inconsapevole delle dita per sfumare o espandere quella biacca, con il tempo gli fece assorbire gli elementi chimici velenosi contenuti nella tinta.

I due amici non scoprirono mai quale fosse, secondo loro, *l'arte superiore.*

Parigi val bene una messa

È un'espressione attribuita a Enrico di Navarra, divenuto poi *Enrico IV di Francia*. La pronunciò nel luglio del 1593 quando abiurò il calvinismo e abbracciò il cattolicesimo.

La scelta di professare la fede cattolica fu un calcolo ponderato. Per l'opportunista Enrico decidere di accettare, manifestare e seguire pubblicamente quella religione fu la chiave di volta per spianarsi la via al trono.

Tant'è che al giorno d'oggi la frase si ripete, non sempre ironicamente, quando qualcuno transige con i propri principi per raggiungere un certo scopo.

A questo punto lo scenario si apre in modo pressoché esponenziale. Alzi il dito chi non ha riscontrato in parenti, amici, conoscenti e naturalmente nei soliti politici fasulli dei comportamenti deprecabili, assunti per ottenere un tornaconto inopportuno o addirittura truffaldino.

Peraltro chi si sentirebbe così unto dal Signore da scagliare la prima pietra perché lui stesso è intonso da qualsiasi colpa di convenienza e scaltra opportunità?

George Courteline

Il disprezzo del denaro è assai frequente, soprattutto da parte di coloro che non ne hanno. Diciamo le cose come stanno: è bello avere del denaro, anzitutto per gli agi che procura e più ancora per l'impressione di sicurezza con cui ci libera da ogni imbarazzo e ci tranquillizza.

George Courteline, pseudonimo dello scrittore Georges Victor Marcel Moinaux, in fondo scrisse un'ovvietà. Dietro ad anticonformistiche apparenze contrarie celate con falso pudore, sono invero ben pochi coloro che preferiscono vivere in miseria e povertà anziché nel benessere che normalmente deriva da una posizione più o meno agiata.

Oltre più è indubitabile che *Courteline* si riferisse a una condizione a bocce ferme: il suo pensiero non era di certo immaginato pensando ai malavitosi abituali o a chi vive per delinquere arricchendosi contro la legge.

Non era nemmeno ipotizzato per coloro che ricchi da sempre non sanno neppure vagheggiare una qualsiasi situazione d'indigenza e quindi vivono tutti i giorni semplicemente sopra le righe del buon gusto comune.

Forse era una delle sue satire acute e amare rivolte verso quei porporati che predicano mestizia e privazioni, ma indossano calzini di *cachemire* d'inverno e si rinfrescano sulle Alpi svizzere durante l'estate.

In ogni caso, *George Courteline* è stato uno dei maggiori scrittori umoristi francesi moderni. La sua forma espressiva leggera e divertente faceva sempre sorridere i lettori ma senza eccesso perché, di fatto, nascondeva una profonda amarezza.

Courteline scrisse molto. Padroneggiava la lingua francese con rara freschezza e ciò gli consentì di avere un punto d'osservazione acuto e privilegiato sulla realtà. In sintesi, di dispensare un umorismo vivo e sano.

George Courteline morì a settantuno anni. Per astuta ironia della sorte, nello stesso giorno e nello stesso mese di nascita: *le 25 juin.*

Socrate

Meno conosci, più credi di sapere; più conosci, meno credi di sapere.

Come capita spesso, di questo proverbio comune non v'è certezza dell'origine.

Parrebbe derivare da uno degli aforismi di Socrate, il filosofo greco più famoso, naturalmente senza nulla togliere ad Aristotele, Platone e quant'altri.

Potrebbe provenire, appunto, dall'*Apologia di Socrate*, anche se da Platone si riceve un testo alquanto differente.

Tuttavia, proprio perché le parole possono essere cambiate a piacere purché non venga meno il valore del detto, va da sé che non si ritroverà mai il momento in cui la frase esatta è stata pronunciata o scritta in modo originale per la prima volta, sempre ammesso che ciò sia realmente avvenuto.

In ogni caso, questa specie di scioglilingua permette una riflessione su questi profondi pensatori del passato che, a parte il loro immenso intelletto e l'assoluta razionalità, non avevano null'altro a disposizione.

Tant'è che non sono possibili paragoni oggettivi con i grandi filosofi contemporanei e i brillanti scienziati moderni.

I giorni nostri sono ricchi di strumenti e possibilità cognitive inimmaginabili, non solo rispetto a chi visse negli anni a.C. ma altrettanto per coloro che, ad esempio, formularono *qualcosina* come la *teoria della relatività*.

Quindi da Galileo Galilei con la spiegazione del *Gran Navilio* descritto nel *Dialogo sopra i due massimi sistemi del mondo* fino a giungere nel miliare 1905 quando Albert Einstein spiegò l'equazione più famosa della fisica.

Tutto ciò dimostrerebbe che i dispositivi e le apparecchiature quasi onnipotenti posseduti dai luminari terrestri di oggi non valgono le ponderazioni enunciate dai *marziani* del passato.

Non a caso, il mai compianto a sufficienza Steve Jobs ebbe a dire in modo lapidario:
«Scambierei tutta la mia tecnologia per una serata con Socrate!»

Ecrasez l'infâme

(francese = schiacciate l'infame)

Formula con cui François-Marie Arouet meglio conosciuto come *Voltaire* chiudeva le lettere spedite agli amici molto intimi.

In molti ritengono che fosse perché ricevette un'educazione umanistica nel *Lycée Louis-le-Grand*, fondato dall'ordine religioso dei Gesuiti, nel quartiere latino di Parigi, cento trentuno anni prima della sua nascita.

In tutti i modi, che fosse o no per colpa dei suoi insegnanti, per *Voltaire* l'infame era la Chiesa Cattolica dell'epoca che considerava fonte di superstizioni e pregiudizi.

Lao Tzŭ

Un viaggio di mille miglia comincia sempre con il primo passo.

Un'altra apparente ovvietà attribuita al filosofo *Lao Tzŭ* che nemmeno i militari del maresciallo *Jacques II de Chabannes de La Palice* avrebbero potuto eguagliare.

In realtà è una citazione profonda perché pone l'accento sulle attese e sulla preparazione per affrontare ogni impresa.

Ovverossia, quanto può valere il desiderio di scalare la vetta più alta della Terra se non si è neppure informati dove si trova?

Come si può pensare di conquistare l'*Everest* calzando degli *zōri* anziché, a dir poco, delle *Batura*?

Si potrebbe continuare all'infinito, ribaltando altri quesiti su centinaia di obiettivi o di aspirazioni d'esempio. Se la logica urterà contro l'improvvisazione e la mancanza di conoscenza l'insuccesso sarà inevitabile.

Salvo che il proponimento, non sia cercare di raggiungere la meta ma mostrare con sprovveduta mitomania un'altra faccia della dilagante usanza di apparire a ogni costo.

Tuttavia, di là di questa penosa morale è possibile assegnare alla locuzione anche il puro significato letterale perché l'espressione è senz'altro adatta per celebrare i primi passi nella vita.

Tanto più quando fra mille difficoltà si è riusciti a camminare sempre a testa alta. Quando si è potuto realizzare qualcuno dei propri sogni senza svendere né la personalità né i principi dell'educazione e del rispetto.

Finché si è giunti al momento in cui, voltandosi indietro, gli esiti di un comportamento corretto, signorile e al di sopra di qualunque malcostume si sono manifestati nella pienezza dei risultati raggiunti.

Ovvero una famiglia felice, affetti profondi, legami cresciuti e sviluppati così sani e così bene da fare pensare quasi a un intervento soprannaturale. Nessuna ricchezza rubata potrà mai valere di più e sostituire questi successi.

La felicità materiale si può spesso comprare ma provare a confrontare un viaggio simile con qualche gioiello in più, in bella mostra sulla pelle incartapecorita, è un tentativo fallito sul nascere.

Noblesse oblige

(francese = nobiltà fa obbligo)

Pierre-Marc-Gaston, secondo Duca di Lévis, fu autore di molte citazioni. Scrisse questa massima nel 1808. Quell'anno compose *Maximes et réflexions sur divers sujets* e nel capitolo *Sur la noblesse* vergò quello che sarebbe diventato il suo motto personale.

In verità il detto può essere tradotto pure con *nobiltà implica degli obblighi* e *nobiltà impone doveri* perché sta appunto a indicare gli oneri e le incombenze ascritte al rango nobiliare.

Il Casato di Lévis fu una nobile famiglia nota fin da prima del XII secolo. Dal 1209 partecipò alla Crociata contro i catari e divenne poi una potente *Signoria della Linguadoca*.

Degli undici titoli gentilizi che la famiglia annoverò nel corso del tempo, dieci si sono estinti: tutti i rami ducali.

Ignoranti quem portum petat nullus suus ventus est

(latino = non esiste vento favorevole per il marinaio che non sa dove andare)

Questa non è la più corretta traduzione di una delle innumerevoli citazioni di Lucio Anneo Seneca, filosofo e politico romano dei tempi che furono, ma è di sicuro la più usata perché interpreta meglio il senso della massima.

Nella settantunesima *Lettera a Lucilio* senza tanti giri di parole il filosofo anticipa uno dei mali interiori che da sempre hanno minato la mente umana. Infatti, calca la mano su un aspetto travolgente per gli indecisi.

Coloro che non hanno le idee chiare o peggio non hanno proprio idee e non sanno qual è il cammino da percorrere, non coglieranno mai il momento giusto per prendere una decisione che possa favorirli nella vita.

Indubbiamente le opportunità devono capitare e non devono essere solo irte di ostacoli o intralci perché sennò verrebbe meno la volontà di buttarsi.

Certo è che quando il classico treno in corsa transita alla velocità della luce, unicamente chi sa dove andare e sa perché lo vuole fare, riesce a trovare la forza e il coraggio di salirvi al volo.

Dopo non è soltanto questione d'incrociare un destino favorevole per raggiungere la meta ambita perché per tentare di riuscirci occorrono determinazione, perseveranza e spirito di sacrificio.

In ogni caso il buon marinaio farà di tutto per alzare le vele e prendere i migliori venti del destino per non farsi travolgere dai marosi.

Festina lente

(latino = affrettati lentamente)

Non ha proprio il medesimo significato ma questo motto attribuito ad Augusto (Svetonio, *Augusto*, XXV) che lo citava nella lingua greca del tempo può essere accostato a quello di Confucio inserito in questa raccolta, ovvero *Non importa se vai avanti piano, l'importante è che non ti fermi.*

Infatti, benché Augusto esortasse ad agire rapidamente ma con prudenza, *Kong Fuzi* pose l'accento sulla continuità del proponimento.

Le due azioni abbinate sono un perfetto connubio della scelta più oculata che si possa immaginare per raggiungere, in linea con le attese, l'obiettivo prestabilito.

Di certo non sarà facile come fare amicizia nel quartiere del *Temple Bar* di Dublino o nel *Buddha-Bar Paris* grazie a un bel sorriso a trentadue denti e al possesso di un portafoglio gonfio, ma chi può essere così vacuo dal credere che siano queste le conquiste importanti che valgono nella vita?

Toujours perdrix!

(francese = sempre pernici!)

Secondo una tradizione, probabilmente apocrifa, il re di Francia Enrico IV sarebbe stato rimproverato troppe volte dal confessore per le sue infedeltà coniugali.

Allora, con una specie di rivalsa regale, il sovrano architettò una burla. In altre parole, per molti giorni di seguito, sia a pranzo sia a cena, avrebbe fatto imbandire al sacerdote null'altro che piatti con carne di pernice perché al prelato piaceva oltremisura.

Le portate con quella gustosa selvaggina si susseguirono di continuo, in tali e tante variazioni culinarie che sarebbero state apprezzate da ogni gastronomo.

Naturalmente, dopo le ghiottonerie dei primi giorni, a un certo punto il religioso si stancò di dover mangiare sempre quel cibo, per prelibato che fosse.

Finché un dì, proprio alla presenza del re, al confessore sfuggì l'esclamazione:
«Toujours perdrix!»

Al che, con celata soddisfazione, Enrico IV avrebbe replicato: «*Toujours reine!*»

Questo breve raccontino non intende invitare nessuno a disonorare la "*propria regina*" anzi, è vero il contrario.

Tuttavia, di là che l'aneddoto sia autentico o no, si può ben immaginare l'appagamento di Enrico IV costretto a dimostrare al sacerdote quanto qualsiasi abitudine, seppure meravigliosa, possa perfino esasperare. Beninteso in rare eccezioni.

Dopotutto, non è per essere spesso irritata, provocando uno stato di grave risentimento fino al limite della sopportazione, che la coppia convive nel pieno rispetto reciproco.

Carpe diem

(latino = cogli il giorno)

Leggendo questo famoso invito oraziano (*Odi*, I, 11, 8) a godere la vita giorno per giorno senza preoccuparsi troppo del futuro, chi ricorderà la storia del professor John Keating e dei suoi ragazzi?

Coloro che hanno avuto la fortuna di vedere lo struggente film *Dead Poets Society* del 1989 (titolo tradotto in italiano con *L'attimo fuggente*), non possono averlo scordato.

Chi può dimenticare il frammento in cui gli alunni, in piedi sui banchi, salutano il professore che tutti vorrebbero aver avuto declamando «*O capitano! Mio capitano!*», forse la poesia più celebre del poeta statunitense Walt Whitman?

Di là dell'opera cinematografica superiore, il significato del detto *Carpe diem* è molto profondo. Inducendo a riflettere sul tempo che fugge e a cogliere perfino gli attimi della nostra vita perché quando passeranno non li riavremo più, in fondo ci rammenta chi siamo. Miseri esseri mortali che dopo aver visto i giorni e le notti eterne torneranno ad essere polvere.

ALDEUM
BLÄTTER

Pierre Abélard

Il porsi costantemente dei problemi sta alla base della saggezza. Poiché attraverso il dubbio siamo portati all'indagine e attraverso l'indagine arriviamo alla verità.

Questa riflessione è attribuita a Pierre Abélard conosciuto come *Abelardo*. Non si può mettere in dubbio la paternità della meditazione perché perfino nell'ingannevole *world wide web* è ripresa nelle pagine più disparate piuttosto che in tanti *blog*.

Pierre Abélard nacque nel 1079 nel piccolo borgo di *Pallet*, in *Breizh*, dalla famiglia più abbiente del villaggio.

Il racconto della sua vita è di per sé un romanzo.

Abelardo è ricordato come uno degli iniziatori del *Metodo Scolastico*. I suoi studi teologici lo pongono fra i filosofi più rappresentativi del XII secolo.

Alla luce della citazione, con questo breve commento si vuole tuttavia ricordare il suo sventurato amore per Eloisa, una bella diciassettenne altrettanto colta.

Eloisa era la nipote del canonico della *Cathédrale Notre-Dame de Paris*, nota più semplicemente come *Notre-Dame*.

Nel 1118 quando Pierre Abélard, trentanovenne, dimorò nell'*Île de la Cité*, vicino alla prestigiosa Scuola della Cattedrale dove insegnava retorica e dialettica con grande considerazione, il ricco canonico, tale Fulberto, affidò la ragazza al brillante insegnante affinché potesse permetterle di approfondire le conoscenze di filosofia.

Lo zio di Eloisa probabilmente non sapeva che tanto quanto *Abelardo* fosse un famoso erudito, non era così ligio ai doveri imposti dalla docenza cattolica. In breve, la giovane fu sedotta. Alla fine fra i due divampò una passione lacerante che portò la ragazza a dare a Pierre Abélard persino un figlio, Astrolabio.

Allora il filosofo riconobbe Astrolabio e in gran segreto impalmò la bella Eloisa. Purtroppo, per insegnare in quell'autorevole scuola occorreva essere celibi. In barba alle speranze degli sposi, la notizia del matrimonio si diffuse in poco tempo.

Per non intaccare la sua reputazione di eminente docente cattolico e filosofo dell'epoca, *Abelardo* decise di separarsi da Eloisa.

Pierre Abélard convinse poi l'amata a rifugiarsi nel convento di *Argenteuil*.

Le conseguenze per il luminoso maestro furono tragiche. Per vendicarsi dello smacco subito, con una crudeltà inaudita, Fulberto fece evirare *Abelardo*.

Ciò che accadde dopo guiderà chiunque sarà interessato alla lettura, con i volumi appropriati e dedicati, della conclusione dell'intensa vita dell'importante pensatore.

La storia terminò definitivamente quasi settecento anni dopo la morte di Pierre Abélard, quando i resti dei due innamorati furono ricongiunti per riposare insieme.

Fu la prima coppia a essere tumulata nel celebre cimitero parigino del *Père-Lachaise*.

Nihil sub sole novum (novi)

(latino = non c'è nulla di nuovo sotto il sole)

Sono parole del saggio Re Salomone (*Ecclesiaste*, I, 10) con cui si allude al perenne ripetersi nel corso della vita umana di fatti e circostanze equivalenti.

Alla luce di quanto accade di continuo, confermato dai testi di Storia di qualunque periodo o area geografica, il sapiente Re che visse e morì a Gerusalemme prima dell'avvento di Gesù Cristo aveva intuito una delle regole immutabili dell'esistenza dei popoli.

E dire che Salomone non navigava nel *world wide web* a ogni piè sospinto né possedeva *cordless* satellitari.

Hoc erat in votis

(latino = questo era il mio desiderio)

Queste famose parole di Orazio (*Satire*, I, II, VI) sono generalmente usate con riferimento a un desiderio o a un auspicio realizzatosi.

Nel caso specifico, sono ideali per terminare questa raccolta di aforismi, citazioni e perfino di poesie riportate e commentate in piena libertà.

Come del resto è già avvenuto per *Proverbi Italiani*, tutto è stato compiuto sulla base della pura conoscenza oggettiva e da un punto di vista senz'altro parziale, a volte critico oppure benevolo, ma sempre personalissimo.

Appendice

Poco prima di dare il fatidico *Visto si stampi* ho avuto una piccola visione. Vale a dire, ho pensato che avrei potuto favorire alcuni lettori, in modo particolare coloro che non hanno mai visitato la mia vetrina Facebook *online*.

Perciò, ho deciso di inserire alla fine di questo libro alcune pagine che mi permetto di presentare come *omaggio personale*. Si tratta di alcuni *modi di dire* che nel passato recente avevo commentato e inviato alla vetrina prescritta. Tutto ciò aveva uno scopo preciso.

Quelle annotazioni dovevano essere pubblicate nei mesi successivi per esaudire un gruppuscolo di care amiche lettrici. Infatti, in precedenti occasioni, avevano inviato messaggi riservati, quasi capricciosi, richiedendo di trattare l'argomento con alcuni esempi.

Così fu fatto.

Dopo, durante uno dei consueti rinnovamenti della pagina *online*, i commenti erano stati cancellati.

Pertanto, decidere di riprenderli dal *Cloud* e inserirli in questo volume è stata non solo una felice intuizione ma, davvero, una utile e doverosa opportunità.

A questo punto è il caso di entrare concretamente nel tema.

Per cercare di stupire, si potrebbe raccontare con tanta

pomposità che i *modi di dire* sono locuzioni o espressioni convenzionali, caratterizzate dal preciso abbinamento di un significante fisso (poco o niente affatto modificabile) a un significato non composizionale, cioè imprevedibile a partire dai significati dei suoi costituenti.

In altre parole, ben più comprensibili, sono vocaboli che non significherebbero nulla se considerati solo come somma delle accezioni dei loro componenti.

Viceversa, considerati in blocco, nella loro completa formulazione, i termini rimandano a un significato traslato (spesso figurato), risultato di procedimenti metaforici normalmente condivisi dall'intera comunità linguistica.

Ciò chiarito, una precisa definizione di *modo di dire* non è data né è accettata in linguistica.

Tuttavia, pur considerando le diverse concezioni degli studiosi di semantica e altro, i *modi di dire*, siano essi considerati esempi di espressioni idiomatiche o no, sono usati inconsciamente da chiunque.

Tutti i giorni e di continuo, perfino quando le parole hanno origine da una o più lingue straniere.

O.K.

La prima volta che gli italiani ascoltarono questa espressione fu nel 1943 quando le truppe nordamericane sbarcarono in Sicilia e iniziarono la campagna militare che negli anni successivi liberò la nazione.

Al giorno d'oggi la sigla è usata da quasi tutta la popolazione dello stivale col significato corretto di «*sta bene, va bene*» ma anche con l'intendimento diretto o indiretto di avere o confermare «*approvazione*».

Ciò premesso, la maggior parte di coloro che adoperano quest'abbreviazione, dalle Alpi alle Piramidi o in altre località del globo terrestre, di questo *modo di dire* non sa proprio nulla.

In effetti, benché l'origine sia ormai accreditata universalmente al continente statunitense, di questa supposizione non esiste certezza perché sono troppi gli Stati del mondo e le possibili fonti storiche che vorrebbero o potrebbero essere riconosciute come probabili culle della corrente locuzione dal pieno valore olofrastico.

Perciò, per non fare torto a nessuno, è meglio ignorare, volutamente, i nativi americani e alcune storie suggestive, nonché le altre nazioni del pianeta che ambirebbero a detenere il primato dei natali di questa espressione.

Peraltro, è utile rammentare che già alla Conferenza Internazionale delle Telecomunicazioni di Madrid del 1932, la sigla *O.K.* fu considerata come un attendibile segnale internazionale.

Vuotare il sacco

Questo è un tipico *modo di dire* del linguaggio parlato in senso figurato.

Come tutti dovrebbero sapere, ha il significato di «*rivelare tutto ciò che si sa, con particolare riferimento a confidenze e segreti*».

Nondimeno è anche sinonimo di «*confessare, fare una confessione, piuttosto che spandere una delazione o tradire qualcuno svelando qualcosa*».

Vuotare il sacco ha origine dal gergo giuridico: nell'antichità, in paesi e città impensabili, pressoché tutti i documenti di difesa per celebrare il processo erano infilati in un sacco.

In occasione del dibattito processuale, quando l'avvocato difensore si presentava in aula, giungeva con un sacco colmo di pergamene e rotoli e lo vuotava davanti al giudice, prendendo a mano a mano ciò che gli occorreva per svolgere l'incarico e rendendo evidente ciò che conteneva il sacco.

Tirare le cuoia

Alcune parole, per la maggior parte legate alla malattia e alla morte, forse per un'atavica superstizione sono rimosse inconsciamente, originando una vera e propria interdizione linguistica.

Tant'è che spesso si preferisce sostituirle con altri vocaboli per mascherare, nascondere o anche solo attenuare i concetti che avrebbero espresso.

Riguardo al verbo intransitivo *morire* il panorama di equivalenti sinonimici è oltremodo vasto, così come sono numerosi i *modi di dire* che ne interpretano il significato.

Tanto per citare alcuni esempi d'uso comune è possibile ricordare «*Avere un piede nella fossa*», «*Passare a miglior vita*», «*Andare all'altro mondo*», «*Volare in cielo*» e altri ancora.

Il *modo di dire* in argomento è tipicamente familiare e nell'uso popolare e dialettale ha ancora altre espressioni colorite del tipo «*Andare agli alberi pizzuti*», «*Rimetterci la pelle*» piuttosto che, semplicemente, «*Stendere le zampe*» con una evidente sfumatura spregiativa dell'atto.

Ciò premesso l'enunciazione «*Tirare le cuoia*» riferita alla forma plurale femminile del termine *cuoio*, sostantivo maschile che definisce la pelle conciata di alcuni animali sottoposta a particolari trattamenti durante la lavorazione, non ha una spiegazione certa e inconfutabile.

Alcune interpretazioni, proprio in riferimento al processo di concia ma con il significato estensivo verso la pelle umana, ricondurrebbero questo *modo di dire* al *rigor mortis* ossia alla condizione di rigidità cadaverica dei muscoli del corpo che raggiungono il completo irrigidimento dodici ore dopo la morte.

Altre indicazioni, più legate al costume e alle cronache, riconducono la spiegazione a quando delle fasce di cuoio intrise d'acqua erano legate con forza al collo dei condannati a morte.

I malcapitati erano poi incatenati sotto il sole, al pubblico ludibrio; fatalmente, le spesse strisce di pelle conciata si seccavano e, tendendosi, soffocavano gli sventurati.

In bocca al lupo

Di questa espressione idiomatica esistono supposte interpretazioni: sono tutte abbastanza lacunose e per nulla realmente esegetiche; pertanto, anche sull'origine di questo *modo di dire* non esiste alcuna certezza.

Il doveroso approfondimento del detto, più diffuso di quanto si possa immaginare, ha richiesto quindi la ricerca e la verifica di un significato indubitabile che, non essendo, appunto, scritto nei libri che valgono, potesse superare le assurdità che inondano il *world wide web*.

Fra i tanti sensi (sconfessando comunque l'abituale risposta «*crepi il lupo*» priva di qualsivoglia attendibilità, esclamata dopo il tipico augurio «*in bocca al lupo*»), non essendo riusciti a scoprire alcunché degno di fede, piace ricordare una spiegazione senz'altro molto affettuosa del *modo di dire* (probabilmente pure questa è altrettanto immaginaria).

Si tratta dell'insegnamento per il quale la lupa, prendendo i cuccioli con la bocca, li sposta amabilmente proteggendoli così da pericoli imminenti.

Giunti al termine delle ludiche analisi, che l'interpretazione sia attendibile o no importa poco: questo gesto d'amore e protezione verso i figli indifesi, trasportati con le migliori precauzioni possibili in un luogo maggiormente sicuro, è di certo più tenero e positivo di qualsiasi altra rappresentazione inventata di sana pianta per spiegare il *modo di dire*.

Essere in gamba

Tanto per cambiare anche per questo *modo di dire* non è stato possibile risalire all'origine esatta. Da dove provengono le espressioni popolari che come nel caso in argomento non possono essere classificate?

Sembra un paradosso ma non si sa. Di sicuro debuttano nella lingua parlata, quella più comune, benché potrebbero essere state divulgate da qualche ignoto pensatore del passato piuttosto che da un qualsiasi personaggio che un bel dì, vedendo o notando qualcosa, ha coniato il detto che, in seguito, il *passaparola* popolare ha consolidato.

Neppure nel *world wide web* che i più credono sia il deposito dello scibile umano esistono spiegazioni al riguardo. In ogni caso, *essere in gamba* richiama da sempre la buona salute perché riuscire a stare eretti da soli, di solito, ne è la prova.

Tuttavia si tratta soltanto di una deduzione, allo stesso modo di ritenere che *essere in gamba* contraddistingua le persone molto capaci: affrontare i problemi e le difficoltà senza aiuto e in piena autonomia lo dimostrerebbe. Mah...

Tanto va la gatta al lardo
che ci lascia lo zampino

È un classico significato traslato di quello che, dai più, è considerato un vero e proprio adagio popolare che affonda le radici nel passato del Paese rurale e contadino.

Si rifà a quando i gatti domestici gironzolavano per le aie e, allorché sentivano un languore, in assenza di alternative certe all'aperto o nelle stalle, s'intrufolavano nelle cucine delle case coloniche alla ricerca di qualcosa da mangiare di soppiatto.

Gli obiettivi erano spesso cibi che permeavano le cucine con i loro profumi intensi e appetitosi, come ad esempio un pezzo di lardo sul tagliere che, in quel caso, costringeva fatalmente il gatto di turno ad allungare una zampa per rubarlo.

Però se in quel momento la massaia stava adoperando un coltello o la *mezzaluna* per sminuzzare quella bontà e il micio calcolava male il tempo d'intervento per sottrarne anche solo un pezzetto, quel gesto incauto poteva assumere una pericolosità inaspettata e costare molto caro al felino affamato.

L'insegnamento di questo tipico *modo di dire* è assai chiaro: «*compiere azioni proibite può portare a conseguenze, talvolta gravi*».

Indirettamente è pure un invito alla moderazione e a «*trattenersi dal compiere trasgressioni e piccoli peccati perché, prima o poi, si sarà inevitabilmente puniti*».

Essere al verde

Questo *modo di dire* è molto diffuso e, anche in questo caso, le ipotesi campanilistiche dell'origine sono molteplici e ognuna è confutabile piuttosto che verosimile; fra tutte quelle elencate dalle diverse fonti regionali consultate, due rappresentano più credibilmente il tipico significato colloquiale popolare, ossia *«rimanere senza un soldo»*.

La prima teoria è riferita ai portafogli in voga in alcune aree italiane fin dal XII e XIII secolo, pressoché dei piccoli sacchetti di diversa fattura, dalla stoffa compatta e resistente fino alla pelle conciata con abilità, che, quando non erano proprio grezzi, solitamente avevano la parte inferiore interna rivestita con una fodera verde.

Allorché una persona restava senza monete, vedeva con tristezza e inquietudine il colore verdastro del fondo della borsa (facile il collegamento con l'altro *modo di dire «O la borsa o la vita!»*).

L'altra spiegazione altrettanto curiosa è attribuita alla base delle candele.

Fra le diverse credenze, la più commovente, perché più vicina alla realtà quotidiana dell'epoca, riguarda i poveri.

Gli indigenti, pressoché sempre squattrinati, avevano difficoltà a comprare le candele per illuminare la casa.

Quando potevano acquistarle nuove o riuscivano a recuperarle da qualcuno (spesso dai servitori dei signori che rivendevano per pochi soldi i mozziconi delle candele presi nelle magioni dei loro padroni), le utilizzavano con parsimonia fino alla fine finché ne vedevano i rimasugli che, generalmente, erano prodotti con cera di colore verde.

Cane che si morde la coda

Ecco un altro *modo di dire* noto pure agli incompetenti. Si tratta di un'espressione che in senso figurato è spesso riferita a problemi continui che originano un *circolo vizioso*.

In altre parole, dopo aver superato una complicazione, capita una nuova difficoltà che, benché risolta, ne riserverà un'altra, poi un'altra successiva in progressione perpetua, senza via di uscita.

Nella realtà, il detto allude al movimento rotatorio continuo del cane che cerca di prendersi la coda.

Nel caso, questo fatto è spesso legato a problemi dell'animale che possono essere comportamentali piuttosto che fisici.

Si usa dire pure quando una situazione grave e insoluta produce conseguenze ancora più critiche.

Il principio della classica relazione tra i due fenomeni *causa* ed *effetto*.

Prendere lucciole per lanterne

Questa espressione idiomatica ha molte varianti.

Con il medesimo scopo sono di solito usate le variabili *«prendere un abbaglio»* o *«prendere fischi per fiaschi»*.

Tuttavia, sempre con lo stesso significato, esistono pure *«prendere una cantonata»* piuttosto che *«prendere un granchio»*.

Per taluni esercenti il legittimo sfoggio di nozioni di glottologia, il *modo di dire* in argomento *non sarebbe altro che un proverbio perché, di fatto, è una frase completa costituente un'affermazione isolata nel corpo di un dialogo...*

Non è questo l'ambito adatto per confutare senza remore tale considerazione.

Perciò, per favorire invece la curiosità e l'interesse del lettore è più interessante cercare d'immaginare come sia potuto nascere il detto *«prendere lucciole per lanterne»* ovvero se esiste qualche traccia arcaica della sua origine.

Occorre premettere che al giorno d'oggi l'espressione è utilizzata per indicare un errore marchiano ovvero la confusione di una cosa con un'altra.

In altre parole, la lucciola e la lanterna hanno entrambe la capacità di illuminare ma poiché lo fanno in un modo molto diverso è quasi impossibile scambiarle fra loro, tanto più durante la notte.

Partendo da questo ragionamento, ha fatto piacere scoprire (oltre ad altre ipotesi meno curiose) una autentica usanza risalente al tempo che fu inerente, in special modo, i guerrieri a cavallo di qualsiasi regione o impero del Vicino e Lontano Oriente.

In altre parole, questo costume riguardava soprattutto coloro che vivevano di là del mare Mediterraneo e del mar Nero.

Durante la notte questi combattenti illuminavano l'interno delle loro tende e, quando si spostavano al buio, pure le proprie cavalcature. Generalmente lo facevano con modesti lumi a olio che, da lontano, sembravano simili al brillio delle lucciole.

Questa tradizione verificata ha permesso di rinvenire una antica leggenda, probabilmente immaginaria ma forse no, riguardante una storia di guerrieri dell'Antica Cina.

In breve, all'incirca nel 600 d.C. un despota con un'armata di migliaia di soldati decise di conquistare un maestoso accampamento nei pressi della città di *Zhengxian* (l'attuale *Zhengzhou*), sorvegliato da altri militari capeggiati da un principe di rango differente.

In quella notte immaginaria senza Luna l'esercito degli invasori scorse vicino al corso del *Fiume Giallo* il grande campo della tribù da espugnare, illuminato da un pulviscolo di lumi, uno sfavillio quasi sconfinato. Il tiranno indugiò.

Come se non bastasse un gigantesco sciame di lucciole simile a migliaia di cavalieri in movimento comparve all'improvviso e avanzò verso l'armata degli aggressori.

Il despota si allarmò ma non desistette.

Quando però si avvide che il tremolio delle luci aumentava a dismisura ebbe l'impressione di trovarsi presto a combattere con una moltitudine di guerrieri all'attacco più imponente e agguerrita delle sue truppe.

Allora convenne con la sua paura che il proposito di prendere d'assalto quell'attendamento fosse da scartare e nella completa oscurità ordinò alla torma dei soldati in attesa di ritirarsi in fretta.

Ringraziamenti

Sebbene lo abbia già fatto in modo esteso e compiuto già nel romanzo *La scelta del padre*, ho deciso di ricordare di nuovo *my two Jewels*.

Grazie quindi a Mariella per la condiscendenza e la meticolosità che ogni giorno riversa sul suo sposo stagionato. Dopo essere *«approdati con soddisfazione reciproca nella nostra rada, colma d'amore e comprensione di Corallo»* gioendo di quel libro, esprimo qui un nuovo desiderio.

Vorrei riuscire, senza affrontare inutili imprevisti, a coronare la nostra unione con gli *Smeraldi* e i *Rubini*, gioielli emblematici ed esclusivi del nostro prossimo traguardo.

Of course grazie a Gabriele perché continua a onorare sé medesimo e di riflesso pure la nostra piccola famiglia con un'abnegazione professionale ineccepibile, nonostante le avversità che deve affrontare e superare nel quotidiano. Insomma da *Rara avis in terris, nigroque simillima cycno*.

Inoltre, considerato che dopo la pubblicazione della trilogia popolare sono stati comunque stampati altri volumi e poiché *«anche lui ha forse trovato la sua turista con gli zoccoletti rossi, affrancandosi un po' da chi non accresce il suo spirito»*, formulo un minuscolo augurio pure per mio figlio Gabriele.

Auspico con tutto il cuore che nel futuro a venire, possa *«raccontare o leggere alcuni racconti ai suoi bambini»* che spero vorrà scegliere fra quelli scritti da questo autore di campagna, preferendo quelli più adatti a loro.

Come avevo già fatto ne *La scelta del padre* senza domandare alcun consenso preventivo alla compianta Éléonore Geneviève Bonet, pure con quest'opera desidero sorprendere un'amica: esprimo la gratitudine ad Alice de Richebourg de Saint Just.

Sebbene le abbia detto da tempo che il cognome d'arte che ha scelto sia troppo ampolloso, ritengo sia un'eccellente persona e una valida collaboratrice.

La disponibilità volontaria e il provato amore per i libri hanno supplito la prematura scomparsa di Éléonore. Il disimpegno di Alice ha consentito e permette tutt'ora di poter continuare a interagire con i lettori gestendo al meglio la mia vetrina Facebook *online*.

Privo di remore, tanto d'apparire monotono, termino un'altra volta con la formula magica usata nei commiati precedenti. Non è solo per una questione di scaramanzia. Tuttavia poiché quanto auspicato come normale non sempre si avvera e talvolta delude, è meglio evitare di commettere errori irrimediabili:

Non credo di aver scordato qualcuno che non abbia deluso le mie attese. Se fosse così, sappia che resterà nell'angolo più profondo del mio cuore.

INDICE

Edizioni © Amazon.com, Inc. o affiliate comprendono dello stesso Autore questi volumi già pubblicati:

Proverbi Italiani

Il colore della lavanda   (1ª parte)

Il colore della lavanda   (2ª parte)

L'ultima estate dello scricciolo

La scelta del padre

Gominhães 1616 - 1619

Gominhães 1626 - 1639

Gominhães 1646 - 1649

Gominhães 1656 - 1669

L'abilità del cigno

Croissant de Lune

www.ingramcontent.com/pod-product-compliance
Lightning Source LLC
Chambersburg PA
CBHW070702250726
48662CB00001B/223